SHODENSHA
SHINSHO

不敗の名将　今村均の生き方

――組織に負けない人生を学ぶ

日下公人

祥伝社新書

新書版のためのまえがき

本書は、単行本として出した『〈新装版〉組織に負けぬ人生。』（ＰＨＰ研究所、二〇〇一年）を新書版にあらためたものである。

単行本では「不敗の名将・今村均に学ぶ」と、副題をつけた。陸軍士官学校から陸軍大学校を卒業し、大将に昇進して大東亜戦争を終えた今村均は、名実ともに「不敗の名将」である。今村大将は自らの軍人生活を回顧し、回想録を残していた。

私が書店で偶然その回想録を見つけたのは、二十九歳のとき（昭和三十五年［一九六〇］ごろ）であった。その読書体験が後年、「組織に負けぬ人生」というテーマで一冊の単行本に結実するわけだが、それは悪戦苦闘を続けた私のサラリーマン生活で、今村均の回想録がいつも私を支えてくれたからである。

人は誰でも生まれてきた瞬間から、組織の一員としての人生が待ち受けている。家族の一人であり、学校の一生徒になり、会社に入れば一社員となる。そこから逃げたくなって本当に逃げれば、一匹狼の辛（つら）さが待っている。

今村均は日本軍という恐竜のような巨大組織の中にいて、けっして自分を見失わなかった。英知に裏づけられた美しい生き方を私たちに示してくれる。

いまもなお、今村均大将については、まだまだ書かねばならぬことがある。「書きたいこと」と言ってもよい。

だが、それは今村大将ご自身が回想録でお書きになっていることでもある。筆の進みがとまっているから、その辺をもう少しくわしく……と言いたくなるが、それは言えない。一読者に過ぎない自分にも、守るべき節度があると思うからである。

近ごろのマスコミは何でも書くが、その責任はとらない。節度というものがない。それがマスコミの特権だと思っているらしい。しかし、そんな理屈は通らないし、特権などない。節度を守らなければ、いずれ読者が読んでくれなくなる。

しかし、あまりに筆を抑制して読者が本書を読んでくれなければ、今村均大将が生命（いのち）がけで守りとおしたものが伝わらない。それでは困る。

今村大将が生命がけで守りとおしたもの。それは何であったのか。当時の考えで言えば、「日本人の誇り」とか「天皇の命令」とかが一番分かりやすく、通りがよい。実際、そう考えてオランダやフィリピンでの軍事裁判で刑に服し、死んでいった人がたくさんいる。その人たちはさぞや無念残念だったと思うが、「無念である」の一言を口にすることなく殺されていった。

台湾の人が、日本人の特徴はアッサリしていることだと教えてくれた。そうかもしれない。その点、中国人はしつこい。アメリカ人やオランダ人はもっと執念深い。

戦後何十年もたって、平成三年（一九九一）にオランダのベアトリクス女王が来日したとき、日本の天皇は宮中晩餐会を開いて両国の新しい未来を祈った。ところが、オランダの女王は「日本ではあまり知られていない歴史の一章」として、オランダが四〇〇年も領有していたインドネシア（当時はオランダ領東インド）を日本が奪い、日本軍がオランダ人捕虜を長い間抑留した、というスピーチをした。

私には、オランダ人がインドネシア人から重税をとるためにつくった水牢が目に浮かんだ。水牢は天井がきわめて低いために、水深は浅くてもとても苦しいものらしい。オランダ人は水牢をつくり、日本人はインドネシアに独立をあたえた。

日本はインドネシアで軍政を敷いていたが、昭和十九年（一九四四）九月にはインドネシアの独立を認めて独立準備調査会を立ち上げている。その一年後に日本が降伏すると、インドネシア共和国が独立を宣言した。日本が確保していた石油はインドネシアのものとなった。ところが、オランダは独立を認めずにインドネシアを再侵略した。

インドネシアのスマトラ島に、油田と製油所を擁したパレンバンという町がある。日本の落下傘部隊（挺身隊）はここに降下してオランダ軍を制圧した。昭和十七年（一九四二）のことである。

戦後、オランダはパレンバン降下作戦を成功に導いた挺身第二連隊の甲村武雄隊長を戦犯として処刑した。まことに執念深い。

今村均大将も生命を狙われたが、インドネシア国民の大合唱がそれをさせなかった。今村大将を死刑にできなかったオランダの判事の老後は孤独なものだったらしい。

アラブの人にこんな話をすると、

「チグリス・ユーフラテス川の最末端は砂漠の砂の中に消えますが、砂上には浮遊物がそっくり残っているのです。とてもアッサリはできませんね」

と言った。

日本人に生まれて、アッサリで暮らせるのはとても幸福なことだと思っていたが、最近はそんな呑気(のんき)なことは言っていられない時代にまたなってきたらしい。

では、日本は自分の行く道をどこに見つけるか。われわれは今村均から何を学ぶべきか、と考える。日本は自分の行く道をどこに見つけるか。しかし日本はいつの間にか強大国になっているから、学ばずとも自分の好きな道を選ぶことができる。

そこで私は、「もっとアッサリしたほうがいいですよ……」と思っている。世界の国々にもそう言いたい。

賢明になれば先が見える。

先が見えれば無理なことをする必要がなくなる。

自然にしていて、しかも勝利が得られるのならそれが一番よいという模範を今村均は生涯のうちに何度も見せてくれている。ただし、それは随分(ずいぶん)とヤバイ道だった。

獄中の今村均を助け出そうとインドネシアの人々が立ち上がる話が回想録に出てくる。

しかしその助命嘆願にも乗らず、今村均は一命を全(まっと)うした上にインドネシアに独立への道を啓示した。

だが、これは結果論かもしれない。

むつかしいことを「学べ」とは、誰にも言えない。ただ今村均の生き方に凄(すご)さを感ずるのみである。

平成三十年九月

日下公人(くさかきみんど)

1940年、陸軍中将当時の今村均　（毎日新聞社）

目次

新書版のためのまえがき　3

第一話　陸軍士官候補生　15

軍人としての生涯を決めた、ある光景　16
本間雅晴（ほんままさはる）との出会い　18
常に作戦目的を達成した将軍　21
今村中尉の〝サラリーマン〟勤務　24
岐路で示したエリート候補者の態度　28
強者とは、もっとも適切な手段をとる人のこと　30

第二話　陸大入学　33

口頭試験のために上京　34
厳しかった少将への昇進　44

大成した大物には五、六浪組も　48
失敗も後の処置で認められる　51

第三話　陸大卒業　55
卒業試験　56
〝実力〟本位の試験制度　62
有望な人材には上役も厳しい目　65
効果を挙げた成久王（なるひさ）と今村の組合せ　67
首席卒業につきまとうハンディキャップ　70

第四話　佐々木（ささき）一等兵　73
顔をはらした兵士　74
自分が矢面（やおもて）に立って事を処理する　81
前向きな物の考え方が基本　85

第五話 炊事当番兵 91
今村少尉の新兵教育 92
相手への観察が幅広くて深い 102
自分の功績をゼロにして相手の顔を立てる 104
問題提起には、よき解決策を添える 106

第六話 ノックス事件 109
イギリス駐在武官補佐官となる 110
弱腰の対英屈従外交主義者 117
なぜ今村補佐官は叱責されたのか 119

第七話 小柳津少佐と少年給仕 121
大使館武官室の日常 122
小柳津少佐の派遣理由 127
少年も精一杯働いた時代 129

名誉だったジョン少年の〝週給とり〟 131
日常的事件を円満に解決する 133

第八話 上原勇作元帥 137

老将軍との再会 138
「情報」に対する鈍感 148
不機嫌の原因 150

第九話 思想犯とされた兵 159

陸軍刑務所へ面会に行く 160
今村均、左遷さる 175
家庭の貧窮を背負った兵隊たち 179
争って国粋主義者となった時代 181
英知と信念と信頼と 184

第十話　大激戦　187

中国軍の反撃に苦しんだ日本軍　188
軍人生活三十三年目――初の実戦の場に臨む　191
兵器、馬匹(ばひつ)より軽視された兵士の命　220
究極の目的を見失わぬ将軍の資質　222
動機主義か結果主義か　225

おわりに　228

『今村均回想録』からの引用部分の表記は原文のままとし、適宜振り仮名をつけた。（編集部）

第一話

陸軍士官候補生

軍人としての生涯を決めた、ある光景

今村均大将は明治十九年（一八八六）仙台市に生まれた。父は裁判所の判事である。それはインテリの家庭で庶民よりははるかに安定的ではあるが、しかし借財を負っていたので決して裕福とは言えない育ちだった。

明治三十七年（一九〇四）、日露戦争が二月に始まった直後の三月に、今村均は新潟県新発田（しばた）中学を首席で卒業し、一高と高商の入試を受けに東京へ出てくるが、失敗して一浪生活に入る。五月に父が死んで学費を得る道が途絶えた。しかし、越後（えちご）の富豪五十嵐甚造（いがらしじんぞう）が大学卒業までの学費を給付しようと申し出てくれたので、志望を変えずに勉強を続けていたところ、母が他人の情けに頼ることに猛反対してむしろ軍人になれと言ってきた。

理由は、軍人は逆に給料が貰（もら）えるので他人に依存しなくてもよいということ以外に、日本とロシアが大戦争をしているにもかかわらず、男の子が五人もいるわが家から一人も戦争に行っていないのはお国に申し訳ないというのもある。その頃は本当にそう考える時代だった。今の日本人はそうは考えないし、今後も永久にそうは考えないと思っているが、しかし人間の考えは環境に大きく支配されるので、もしも日本の置かれた環境が、将来、明治時代と同じようになれば、また、同じように考える人がたくさんになるだろうという

気がする。日本では〝あのときはそうとしか言えない雰囲気だった〟という言い訳が昔も今も通用しており、その意味では昔も今も変わりがない。つまり、日本では個人としての意見にほとんど意味がないというわけで、今村均の母の考えについて何かを言う資格がある人は現在もほとんどいないと思う。

私たち昭和ヒトケタ世代は、戦前の軍国主義・国家主義・集団主義だった日本と、戦後の平和主義・民主主義・個人主義になった日本の両方を肌身にしみて経験しているので、わが子を一人くらいは戦場に出したいという母親の話を聞いてもよく分かるし、近ごろの、わが子を戦場には送らないという母親の気持もよく分かる。そして両者の異同の程度も分かるのである。

さて、今村均は毎日苦悶しつづけた。毎朝の新聞は戦況と一緒に日本将兵の損害も発表し、その補充の必要と国民皆兵（かいへい）の覚悟を説きつづけている。

そんな中で明治三十七年十一月三日の天長節（てんちょうせつ）（明治時代は十一月三日は天皇誕生日なので天長節と言った。大正・昭和時代は明治節となり、戦後は文化の日となった）に青山練兵場で観兵式が行なわれた。今で言えば軍隊のパレードである。母の希望で軍隊とはどんなものかが気になる十九歳の今村均は、それを拝観すべく小石川（こいしかわ）の植物園近くの下宿から徒歩で出掛けた。軍楽隊の演奏や部隊の行進、それから天皇の馬車が東京市民の人垣に囲まれ、群衆は大海の濤音のように万歳万歳を連呼し皆頰に涙をたれていた。

その中をもまれもまれて、まったく思いもかけず今村均は天皇の馬車の二メートルくらいのところに押し出され、「静かなお顔は、御心が満たされたかのようなまなざしで御車の窓を通して両側の民衆に御うなずきの挨拶を賜うておられる」のを拝観し、また、両側の群衆の涙をみているうちに「嗚呼、これが日本のお国柄だった」という気がして、その帰途、郵便局に立ち寄り、「陸士受験する。不合格だったら現役兵を志願する」と越後の母に電報を打った。今村均の軍人としての生涯はこのときの感激から始まったのである。

本間雅晴との出会い

翌、明治三十八年（一九〇五）になると三月一〜十日に奉天戦があり、陸軍は苦戦の末だがともかく大勝利を得た。次はバルチック艦隊の来航をどう迎撃するかで、その日本海海戦は五月二十七、二十八日に行なわれて、これにも日本は勝つことができたが、それに先立つ四月に今村均は、新潟県新発田歩兵連隊の将校集会所で陸軍士官学校の入試を受けた。

本間雅晴　（共同通信イメージズ）

競争率は六倍。そのとき、同じ机で筆記試験を受けた大きなからだの青年が、昼食の休み時間に「僕は、佐渡中学出身の本間というのだ」と言った。これが今村均と本間雅晴の生涯の交際の始まりで、二人はロンドンでも一緒に勤務することになるし、最後は本間雅晴は中将として比島（フィリピン）攻略の軍司令官、今村も中将で蘭印（オランダ領東インド）攻略の軍司令官として一緒に南方の戦場で戦った。本間はその後「バターン死の行進」の責任者としてマニラで刑死することになるが、バターン死の行進そのものについては大部分がアメリカの宣伝ではないかという気がするので、本間は不幸な目にあったものである。

その話はさておき、六月下旬、「陸軍士官候補生に採用す。七月十五日午前九時、在仙台市歩兵第四連隊補充隊に入営すべし」という電報がきた。日清戦争後から約二十年間の陸軍士官学校の卒業者数は、毎年平均七〇〇人だった。合格者もほぼ同数だろう。

ここから今村均は本当に軍人になるが、日

露戦争はすでに終わり、陸軍士官学校・陸軍大学校を卒業して栄進してゆく今村均の周囲は、もはや〝平和〟な日本で、軍人に対する風向きは冷たい日がつづく。軍の予算は削減され、定員も削られる。たとえば陸士の卒業生数は大正八年（一九一九）からは半分の三五〇人になっている。

その結果、給与は安く昇進は遅れる。また、中隊長や大隊長・連隊長といった憧れのポストも減少して狭き門になってゆく。たとえば大正十一年（一九二二）の山梨軍縮では、一大隊は四個中隊でなく三個中隊になり、兵員五万九〇〇〇人が減員された。大正十四年には再度宇垣軍縮があり、二回の軍縮で将校は、四〇〇〇名が退職させられた。

今の表現で言うと軍隊は構造不況業種であり、今村均は就職を間違えたということになるが、就職の動機が愛国心ならそれも仕方がない。軍人は平時にあっても常に戦時を予想してそのための準備を怠(おこた)らないのが愛国心であり、また職務でもある。

今村均は大正から昭和へかけてときには隊にあって中隊長や連隊長をつとめ、兵をひきいての演習に汗を流し、ときには本部にあって陸軍省のヒラや参謀本部の課長など、今のサラリーマンが経験する事務の世界と全(まった)く同じような仕事について頭を遣(つか)ったり気を遣ったりしながら、いつの間にかだんだん年をとってゆく。

ところがその間、国際情勢には少しずつの変化があり、やがて日本は武力を行使して近隣諸国や遠くの強国と戦う時代になる。それは日本が自分から買ってでた無用の戦争であるか、それとも余儀なくされた自衛的な戦いであるか、あるいはそんなことはそれほど問題ではなく、当時は弱肉強食の世界だから日本もその荒波の中で必死にもがいただけなのか、そのいずれであるかは多くの議論があるところだが、それは本稿では触れない。また一軍人である今村均にとっても直接の問題ではない。

常に作戦目的を達成した将軍

司令官としての今村均は命ぜられた戦いには全力を傾けて臨み、そのほとんどに勝利を得てゆく。

これは戦記物を読み出してから知ったことだが、勝利とは何かについて軍人の社会ではいろいろな定義があるらしい。多分、素人が考えるような敵の戦力を壊滅させたとか、敵の大将が降伏したとか、敵の陣地を占領したとかの簡単明瞭な勝利は実際には数少ないからに違いない。

また、碁や将棋でもあることだが、捨て石とか捨て駒という戦術があって、局部的な敗戦は覚悟の上という場合があるから、一見敗けたほうが実は勝っていたということも起こる。それからある戦いの結果を両方が勝ったと言うことがあるが、それは単に宣伝の都合だけではなく着眼点の相違によることもあるわけだ。

たとえば昭和十七年（一九四二）の珊瑚海海戦を、日本は敵味方の航空母艦の損害を比較して勝ったと言うが（アメリカは主力空母レキシントンの沈没に対し、日本は改装軽空母祥鳳の損失のみ）、アメリカのほうでも日本のポートモレスビー攻略作戦を断念させ、モレスビーを守り通したのだから勝ったと言っている。後世の史家は最終的な勝利を得るために航空母艦の隻数とある地点の争奪のどちらが昭和十七年五月の時点で重要であったかを論じた上で、日米双方の着眼点の適合というよりは高低を判定しどちらが勝ったかを決定することになるが、それは後からの評価にすぎない。戦闘の当事者である第四艦隊長官井上成美中将、及び第十七機動部隊指揮官のフランク・ジャック・フレッチャー少将は、それぞれあたえられた作戦目的を達成したかどうかのそれだけで評価されねばならない。

そうした意味で軍司令官にとっての勝利とは、あたえられた作戦目的を達成したかどうかなのだが、アメリカ及びイギリスの陸軍大学校及び海軍大学校で〝常に作戦目的を達成した将軍〟の実例として、日本からは海軍の小沢治三郎中将と陸軍の今村均大将を挙げる教授がいると聞いた。

　しかもその間今村均は、上からの信頼はもちろん部下の将兵や敵の将兵や現地人からも深く尊敬された。今村均は日本陸軍の中で格別に偉い人だったという話は多くの人から聞くが、出版社の人が本書の企画を京都のタクシーの中で話していたところ、突然、運転手が振りかえって、「あんなに偉い人はいなかった。自分はあの人の第十六軍に属する兵隊としてジャワの上陸作戦に従軍したが、あの人は神様のようにみんなから慕われていた……」と熱情をこめて話しだしたので驚いたということである。

　つまり、公務は完全に達成し、しかも個人としての人格でも完成に近かった人ということになるが、不幸にして日本は戦争に敗れ、今村均はオランダ、オーストラリア、アメリカから戦犯に問われて、結局、十年の懲役刑を受ける。服役場所は東京の巣鴨（すがも）（今のサンシャインビル所在地）とされたが、わざわざ申し出て旧部下が服役しているマヌス島（現・パプアニューギニア）に移送され、そこで三年を過ごしている。

　昭和二十八年（一九五三）、六十四歳のとき日本に帰り、昭和二十九年（一九五四）十一月、刑期満了となり出所する。昭和四十三年（一九六八）、八十一歳のとき、東京・世田谷の自邸で亡くなった。

今村中尉の〝サラリーマン〟勤務

これから紹介する回想録は主として獄中で、粗末な紙に小さな字でビッシリつめて書かれたものである。獄中では紙も鉛筆も入手し難い貴重品だった。その回想録は戦後、自由アジア社の月刊『防衛公論』に連載され、昭和三十五年には四巻の書物（『今村均大将回想録』）として出版された。

私が今村均を知ったのはそのときその本を偶然書店で手にしてからで、深い感銘をもって読み、その四巻は私の本棚の一番大切なところに置かれて今日に至っている。

しかし、今村均は偉いと思うか、偉いと思わないか、また、偉いとしてもどこをどのように偉いと思うかは読む人個人個人の問題であり、また同時にその人の器量の問題であって、最終的には本書の読者各位が回想録そのものに直接当たっていただくのが一番である（芙蓉書房出版刊『今村均回想録』が古書で入手可能）。したがって、私のコメントなどはむしろ冒瀆ではないかと恐れているが、今村均と読者の間の世代差を補うくらいの役目を果たしてみたいと思う。

それでは最初に回想録の中から三十歳の今村均に登場してもらおう。

このとき、今村中尉は陸軍省軍務局歩兵課のヒラである。

原文はやや長いし、事件がこみいっているので最初のこの稿は私の要約でお伝えする。今村中尉はサラリーマン的勤務をどのようにやったか、の話である。

天皇の侍従には陸軍からも一人が派遣されており、侍従武官というが、その事務方からあるとき、「ことしも侍従武官が各師団の簡閲点呼視察のため数個師団へご差遣になるが、その視察計画立案のため各師団の点呼施行予定表がみたい。三、四日でお返しするが……」という電話があった。そこで今村中尉は、一八個師団のそれを一冊にとりまとめて急遽上に提出すると、やがて陸軍大臣官房高級副官の和田亀治大佐から呼び出しがある。大臣官房は陸軍省から省外へ出される一切の書類の形式を整え、次官・大臣の承認を得てあて先へ発送するのが仕事である。和田大佐は今村中尉に、各師団からのそれを綴じ合わせただけでは書類が大小不揃いだから、宮中へ提出するからには全部清書するようにと要求する。

和田大佐の仇名は「かみなり」である。しかし今村中尉は落ち着いて、「これは本来は先方から陸軍省へ来て閲覧するものでその必要はない」と説明するのだが、一度言い出した相手はきかない。席に帰って奥平俊蔵歩兵課長に報告すると、和田大佐と陸士で同期の歩兵課長は「それなら官房の書記を五、六名まわしてもらいたいとそう言って来給え」

と怒り出す。昔は今とちがって便利なコピー機械がないからいちいち書記がペンまたは筆で書くのであり、そのための書記がどこの官庁にも会社にもたくさんいた。

ある仕事が有用か無用かをめぐって争いが起こるところは陸軍省のエリートの勤務も現在のサラリーマン勤務もあまり変わらないところが面白い。

今村中尉はそのまま和田大佐に伝えると、当然かみなりが落ちてくる。「おだまりなさい。貴官のような若年の将校が陸大の成績なんかを鼻にかけ、臆面もなくそんな横着なことを言う」と椅子から立ち上がり、醜い顔をいよいよ醜くし、燃えるような眼光で私をにらみつける——という次第になる。

これは和田大佐の失言である。仕事の話の間に相手の個人攻撃を混ぜてはいけないし、混ぜるというのは議論が不利だと自分でも分かった証拠である。しかし、何といっても今村中尉は陸軍大学校を一番で卒業し、天皇の御前で卒業講演をしたエリートである。普通に話していても他人からはそういう反撃を受けやすい。だが今村中尉もまだ三十歳で若い。

関係ないことまで言われたので内心憤慨して何も言わず、臆せず和田大佐の顔に視線をそそぐと、和田大佐は続けて、

「自分は日露戦争中、第一師団の大尉参謀をやっていた。そのときの旅団長の一人は師団長から攻撃命令を受けると、いつも兵力の不足を訴え増援を要求して物笑いにされていた。これに反し鴨緑江軍の前田旅団長は数倍の露軍の攻撃を受けながらも、軍司令部が敵の重囲下に陥ったのを知るや、最後の予備隊の大部を救援にさし出し川村景明司令官以下を無事ならしめ己れは壮烈な戦死を遂げている。歩兵課の書記全部を挙げ、なお手不足を感じてのことならともかく、やってもみないうちから官房書記の応援を頼むとは某旅団長と同じだ。軍人として恥ずべきことだぞ」

と言ったので、今村中尉も興奮して敬礼しただけで室を出てしまった――となる。

これで和田大佐の気持が、だいぶよく分かる。その日から十年前、日露戦争を死にもの狂いで戦ってきた想い出が和田大佐の胸中にはまだ渦をまいている。しかし、世の中は平和になり、日常の仕事は書類のミスを訂正するようなことばかり、そこへ実戦を知らない陸大出の秀才がやってきて、官房からも書記の応援を出せと言ったのだから、和田大佐の気持ちは爆発した。同じ応援でも和田大佐の場合は、すぐに戦場での応援が頭に浮かんでくるのである。しかし、場違いの説教には違いない。和田大佐は泰平の世の大久保彦左衛門なのである。

岐路で示したエリート候補者の態度

今村中尉はそのまま黙って自分の席にもどり、満座の中でどなられたことを上司の歩兵課長には何も言わなかったが、噂を聞いた歩兵課長は自分の部下をかばって官房の和田大佐にどなりこみ、遂には軍務局長にも訴える騒ぎになる。

この辺はさすが軍人社会だけあって今の企業より血の気が多い。

結局、第三者の軍事課長の津野一輔(つのかずすけ)大佐が仲裁に乗り出し、今村中尉を呼んで一切の事情を聞いた上、こんなことから省内で軍務局と大臣官房が気まずくなっては面白くないので、「自分が中に入って、君を面罵(めんば)した点は和田大佐から軍務局長に謝らせようと思うが、そのきっかけを作る何かの道があるまいか、それを君と相談したいと思い来てもらった」と言う。さて、ここで今村中尉は何と答えたか。

ここに勝利か敗北かの岐路がある。または、凡人か、偉い人かの分岐点がある。読者もできれば、ここで一度本を伏せて自分なら何と言うかを考えられるとよい。軍事課長の津野大佐は仲裁に乗り出すに当たって単に上層部の話し合いだけで解決しようとはせず、今村中尉にも当事者として解決に参加せよと言っているのである。そこが眼目である。

今村中尉は単なる事件の被害者や被告ではなく、陸軍省の重要構成メンバーの一人として、こういう場合はどう行動するのが全体のために良いか、その決心を聞かれているのである。それが瞬間に分からないようではエリートの候補者とは言えない。「何分（なにぶん）ともよろしく」ではない別の返事を読者もここで考えて欲しいものだ。ぜひここで本を一度伏せて欲しい。自分なら津野大佐に対して何と言うか、である。

回想録はこう書いている。「私の上司である奥平歩兵課長の意見は正しいし、私も何等（なんら）失礼の点はないから決して陳謝はしませんが、しかし冷静になって考えてみますと和田大佐は私の将来の心掛けにつき、実によい戦史上の教訓をあたえてくれました。この点から問題を片づけることができると考えますので、これからすぐ和田大佐の室に参ります」。これが幹部候補者の態度である。あるいはすでに陸軍省幹部の一員であることを実証するに足る言動である。

今村中尉がその足で大佐の室に行き「けさのことで一言申し上げたいことがあります」と言うと大佐は依然としてこわばった顔で「何か」と答える。ここでも読者はもう一度本を伏せて考えて欲しい。自分なら和田大佐に対して何と言うか、である。

「私は歩兵課長も自分もまちがってないと思いますし、礼を失したことは申し上げなかったつもりですので副官殿におわびは致しません。しかし、教えていただきました旅順の戦訓は私の将来に実によい教訓でありました。その手始めに私と私の課の全書記で今夜徹夜し清書をすることに決心致しました」

これで和田大佐の顔がいっぺんに崩れ、「そうか、そんなにあの戦例を理解してくれたか。僕の短気はなかなかおらないしょうぶんでな……。つい大げさなことを言ってすまなかった。そうとなれば君の課も忙しいだろうから」ということで官房の方から加勢の書記も出、和田大佐は進んで軍務局長室へ出向いて暴言を謝すなど問題は一挙に解決したばかりか、軍務局と官房の仲はその後も長く円満になり、和田大佐はそれ以後、今村中尉起案の文書には一言も文句を言わなかった、ということである。

人間はいかに感情的かをこれで悟(さと)ったと回想録は結んでいるが、この回想録は全篇こうしたエピソードに満ちている。

強者とは、もっとも適切な手段をとる人のこと

今村中尉は仕事の筋を心得、自分の課長の顔を立て、自分も謝らず、しかも相手の顔も

立て、さらに重要なことだが、その後の自分の企画立案をどんどんパスさせる貸しまで作った。これこそが仕事の世界の勝利ではないだろうか。冷静さと英知と自主性と行動性があれば、ゴマをすらずともビジネスの世界で勝利を得ることができる。戦場での勝利もこうしたビジネスの世界での勝利も、根本は同じであるように思えてならない。

気の毒なのは不必要な書類の清書に徹夜させられた書記たちだが、そこまでは考えないのがその頃の常識かもしれない。

軍務局ではその後長く、厄介（やっかい）な仕事の対官房説明は今村中尉に頼むようになり、またその結果、書類のパスが円滑になったということだから、書記たちも結局は仕事が楽になったことだろう。

この話は局部的な譲歩が大局的長期的な成果を挙げたという話で、先に述べたように「勝利とは作戦目的を達することであって、必ずしも相手を屈服させることではない」という話にもつながる。

強者とは無理を実現する人のことと思われがちだが、そうではなく常に一番適切な解決を考え、その適切さの故（ゆえ）に自然に勝利が得られ、そして自分も強者といつしか人から言われるようになってゆくのが一番ではないだろうか。

第二話　陸大入学

口頭試験のために上京

回想録をそのまま紹介する。時は大正元年（一九一二）である。

仙台に引きあげてから、約四ケ月たち、八月なかば、陸軍大学校から師団にあて、私の初審筆記試験の合格と、十二月一日、再審口頭試験のため、出頭すべきことが通告された。

私が陸軍に出身し、士官候補生となり、仙台の歩兵第四連隊にはいったとき、教官の補助となり、私たちを鍛えてくれた板垣征四郎（いたがきせいしろう）中尉（後の大将、陸相）は、当時陸軍士官学校の区隊長になっており、私が初審試験に合格したことを報じたところ、折返し次のような返信がやって来た。

「僕も合格者のひとりになった。再審の準備は、仙台ではよく出来ない。連隊長に願い出て、年度の定例休暇二週間を、十一月なかば以後にもらい、なるべく早く上京し給え。戦術以外の地形学、兵器学などで、実物なり模型なりで了解しておくべきものは、僕が陸士の教官にたのみ、君に説明してもらうように手配してやる」

一般に陸軍にはいってから受ける、すべての試験勉強は、他の学校の受験のように、他の仕事はやらず、自宅で、それのみに没頭することなどは出来ず、毎日の練兵や、週番などの諸勤務は欠かすことは出来ず、そのあいまあいまの時間なり夜分寝る時間を割き、勉強しなければならない。それで試験直前に、休暇をもらい得れば、こんな便宜のことはない。私はX連隊長に願い出てみた。こんなことから、十月下旬より十一月上旬にわたる秋季演習には出場せず、兵営残留勤務に当てられ、十一月中旬からの定例の休暇をもらい上京の上、姉婿であり、東京連隊の大隊長をやっている武田少佐の家に止宿し、さっそく板垣中尉の下宿を訪ね、その翌日から十日間、午後一、二時間を陸士で過ごし、各教官から実物についての教育をうけた。これは、田舎連隊では得られない有益なものだった。

東京に着いた夜、義兄の武田少佐が、次のように語る。

「いま参謀本部で服務している梅津美治郎大尉は、三月前まで、わしの大隊の中隊長だった人だ。去年、首席で陸大を卒業、人格も立派な人だ。先日会ったとき、君が上京して来たら、〝戦術の指導をしてくれないか〟と依頼してみた。気持よく引き受けてくれた。きょう電話で、君が今夜着くことをいってやったら、(あすからでもよい。毎夕食後、渋谷の借家によこしてくれ)、といっていた」

戦術以外のことは、板垣中尉が心配してくれるが、戦術を教わる人のあてが無かったときなので、渡りに船とばかり、翌日から梅津大尉（後の大将。参謀総長）のところにかよいだした。毎晩二時間ほど、大尉の質問に答え、まちがってる点を指摘の上、正解を教えられた。八日目のとき、

「もう二、三日で試験になるが、君はきっと、はいれると思う。もう誰からも教えられんでよい。むしろ頭をやすめるほうがよかろう」

私自身には、はいれる自信はなかった。しかしえらい人と思っている人からこんなにいわれ、大きく心にゆとりを感じた。

十二月二日から十日間にわたり、口頭試験が行なわれた。

百二十名の受験者（大部分が中尉）が、十二名づつの十個班に区分され、各班一日一、二課目の試問をやられる。一課目につき、一人平均三、四十分があてられ、戦術は五名、その他の課目は、二、三名の大学校教官が試問官となり、逐次ひとりづつを、受験室に呼び入れて試験する。

第九日目までの各課目はたいてい答えられ、当惑したりまごついたりすることはなくてすんだ。いよいよ最後の十日目を迎えた。課目は「人物考査」となっている。陸

大幹事の鈴木荘六少将（後の大将。参謀総長）と、先任兵学教官、吉岡顕作中佐（後の中将）のふたりが、この課目の試験官になっていた。私は第一班の最新参者として、最後の十二人目に当っており、この日も午後四時近くに試験室に呼び入れられた。

試験官に敬礼の上、官氏名を述べると、鈴木少将が問いかけた。

「今村中尉は、連隊でどういう職務を勤めたか」

「中隊一年八ヶ月、連隊旗手二年、教育係一年」

「貴官は陸軍大学校令に規定されている、受験者資格を承知しているか」

「身体壮健。執務精励。志操が堅く、隊附勤務二年以上で、将来発達の見込みあるもの」

「貴官の実質隊附勤務は、一年八ヶ月に過ぎない。二年以上の隊附とはいえない」

「連隊旗手の職も、隊附勤務であります」

「大学校が二年以上の隊附勤務と規定している精神を、どう考える」

「軍隊の実情に通じ、部下を指揮する能力を持つ者を、めあてにしているものと考えます」

「その通りだ。だから貴官は、実質的には、まだ受験資格を備えていない。もう一年、中隊附勤務を勉強した上で、来年やってこい。なお今後の受験のため参考に聞いておくが、ことしの秋季演習には参加したか」

「参加いたしておりません」

「病気でもしていたのか」

「試験準備のため、早目に上京したいと思い、残留勤務を願いでて許されました」

「試験準備のために参加しなかったのか。秋季演習は、軍隊一年間の訓練の総しめくくりだ。大学受験は、命令によるものではあるが、半分は私的の志望によるものだ。私慾のために、もっとも大切な公務をないがしろにして、それで貴官が口にした受験資格中の勤務精励といい得るか。それに受験者仲間の他の将校が、労苦の大きい秋季演習をやっているのをよそにし、自分ひとりだけが、隊に残留して試験の準備をする。唾棄すべき卑劣な行為、軍人として許し得ない利己思想だ。さっきは、来年また受験しに来いといったが、精神を修養し、悪いところが改善されない限り、貴官はこの学校の入学試験を受けることが許されない。退場！」

　大きな声でどなられた。私は困惑してしまい、十二月だというのに冷汗が背にも額にも流れだし、なんとか弁解しておきたいと思ったが、頭がぼっとし、何も云えずにもだえた。

「退場というのに、どうして退場しないのか」

吉岡中佐が立ちあがって大喝した。われにかえって敬礼し、室を出たには出たが、眼がぐらぐらまわり、はしご段の手すりに、腕をたくしながら下におりた。

青山から新宿までの電車内で私の心はひどく乱れた。連隊旗手の職務が、実質的に隊附勤務でないとする見解には、どうしても承服されない。が、それは人おのおのの考えの相違でやむを得ないと、あきらめはつく。が、秋季演習不参加が公務不精励であり、利己的行為であったことは、一言も弁解しようがない。

受験者百二十名は、大講堂内に集合が命ぜられ、やがて校長大井成元中将、幹事鈴木荘六少将をはじめ、試験官だった教官約四十名が正面に立ち並び、斎藤泰治学校副官が、

「唯今(ただいま)から受験者一同に対し、校長より訓示されます」

と云い、大井校長は重みのある声で語り始めた。動乱しきっている私の心には、何をいっているのか、ほとんどわからなかった。が、一段声をあげたので、ついそれが

耳にはいった。

「最後に一言附け加えておく。近年隊附青年将校が、多くこの大学に入校を志すことは、このましいところだが、これがために隊務の精励を欠く者を生じては、国軍を害することになる。かような者は、当校は、断じて入校を容認しない。諸官はこの点に就き、自らをいましめると同時に、よく隊附青年将校を教え、その道をあやまらしめないようにせられたい」

またも私は「卑劣な利己思想者」の烙印を、あてられた。

校長の訓辞が終ると、再び斎藤副官が口を切った。

「唯今より呼名されるものは、講堂のこちら側、呼ばれない者は、反対の側に集合せよ」

そういい名簿を開き、呼名しはじめた。板垣中尉の名も、山下奉文中尉（後の大将）の名も読みあげられた。この方の者が、合格者であることはまちがいない。私の名は呼ばれないでしまった。

やがて呼名されない六十名が、他の側に並び終ると、斎藤副官は、

「さきほど呼名された六十名は、遺憾ながら不合格。唯今より階下の経理室に行き、

旅費を受領の上、各自の所属隊に帰還せられよ」

　と告げた。

　右の陸大入校の日から、十四年たったのち、私は参謀本部の参謀職の少佐となっていた。

　一日、参謀総長鈴木荘六大将に随行し、演習視察のため東京から名古屋まで、一等車に同乗し、長い時間の雑談中、

「もう十数年以前のことで、お忘れになっていると思いますが、私は中尉で、陸大の再審口述試験をうけましたとき、直接閣下から、人物考査をされております」

「あれはわしの主張で、あの年初めてやったことだし、間もなく自分は、旅団長になり、大学校を出てしまい、あの考査は、自分としては、一っぺんやっただけだった」

「私は幹事であった閣下から、（連隊旗手の職は、実質的には隊附勤務とはいえない）といわれましたことは、今でも納得されず、立派な隊附勤務だと信じております。しかし、（秋季演習に加わらず、兵営に残留して、受験準備をしたことは、隊務不精励であり、卑劣な利己行為で、そんなことをやった者は、断じて、入校させることは出来

ない）と、強く叱られましたことには、一言の弁解も出来ず、恐れ入ってしまいました。あんなにはっきり、（受験の資格がない）と、宣告されました私を、どうして入校せしめていただいたのか、今に不思議に思われてなりません」

「あの時分は、悪い風（ふう）があり、再審の前には、受験者は秋季演習に出ないことが、本人も連隊長も、あたりまえのように考え、事実、あの年の受験者のほとんどが、そうしていた。それで、受験のために隊務をおろそかにする弊風（へいふう）を窘（たしな）める意味で、多くの者に、同じような質問を発して見た。君の場合は、あの時の態度がとくにみにくかったので、それで、覚えている。

副官部では毎晩おそくまでかかり、全試験官の採点紙をまとめ、各受験者の成績が、翌日の朝にはわかるように集計したものを、校長と幹事に見せていた。吉岡教官がそれを見ながら、（今度はいって来る者は、合格になります。少し手きびしく、ためして見ましょう）と、云ってるところに、君がやって来た。それでああ試問してみた。ところがわしに（受験資格を持っていない）といわれた時、君は顔色をまっさおにし、今にも倒れそうになってしまった。君が退場したあとで、わしが、

（吉岡君！　今村中尉は、まだ年も気持も若すぎる。もっと精神を鍛えさせた上で、

入れるほうが、本人のためにもよかあないか）

と云うてみた。ところが吉岡教官は、自分がわしに（手きびしくやれ）といった手前上、慈悲心をおこし、（入れておいて、よく教えることにいたしましょう）と、とりなした。それで入れることにしたのだ。君は今、上原元帥の副官を兼職しているので、この際とくに云っておく。上原さんは、どんな人前でもかくさずに、喜怒哀楽を、顔と言葉とにあらわす。人間として、純なところはしたしまれる。が、元帥は中央での計画勤務がながく、戦場でも軍参謀長としての職務で事務的だったから、あの俊敏な頭が、よく陸軍に貢献し得てはいる。けれど、戦場での軍司令官としてはあのとおりではいけない。とくに大難局におちいったときの全軍将校は、統帥者の顔色だけででも戦況を心配したり、大丈夫だとの自信をもったりする。

あの試験のときは、君はたしかに、僕に欠点を衝かれ、顔色をかえてうろたえを暴露した。戦場ではおたがいに、相手の欠点弱点を突きあうものだ。あのときのことを忘れんで修練をつみ、とくに戦時には、一段と注意しなけりゃならんぞ……」

諄諄と、このように訓えた。

（「陸軍大学校入学」）

厳しかった少将への昇進

最初に、今村均が周囲から意識される原因になった陸軍大学校とは何かを簡単に説明しよう。

陸大は明治十五年（一八八二）に設立された。その目的を陸軍教育史には〝各兵科士官ノ志願者ヲ選抜シテ学生トシ其学術ヲ進達セシメ、将来ヨク参謀ノ職務ニ堪ユベキモノヲ育成スルニアリ〟と書いている。つまり、エリート参謀の養成学校である。

〝其学生トシテ採用シ得べキ者ハ二年以上奉職ノ歩騎兵少尉、一年以上奉職ノ砲工兵中少尉トス。又年令、中尉ハ三〇歳以下、少尉ハ二八歳以下トス。修学期限ハ歩騎兵士官ハ三年、砲工兵士官ハ二年トス（但し明治十九年からどちらも三年）〟とある。明治三十四年の陸軍大学校条例大改訂後は〝陸軍大学校ハ才幹アル少壮将校ヲ選抜シテ高等用兵ニ関スル学術ヲ修メシメ併テ軍事研究ニ須要ナル諸科ノ学識ヲ増進セシメル所トス〟とあり、これは終戦までつづいた。

今村均が入学した第二十七期（大正四年卒業組）を名簿で調べると五十六名しかいない。この五十六名は将来、少将はほぼ約束されている。

軍人の立身出世は大佐と少将の間に大きな壁があって、大佐には比較的容易になれるが少将にはなかなかなれない。少将に抜擢すべきものを、日本は文章で特別優秀で人格高潔でなければならないと厳しく書いているが（たいへん厳しくてそんな人は実在し得ないのではないか、と思うくらいに書いてある）、アメリカはもう少し簡潔明瞭に人数の割合で決めている。たとえばアメリカ海軍の平時における各階級将校の比率は法律によって、

少将（准将を含む）	一パーセント	合計一〇〇パーセント
大佐	四パーセント	
中佐	八パーセント	
少佐	一五パーセント	
大尉	三〇パーセント	
中・少尉	四二パーセント	

と決められている。日本の自衛隊も階級別に定員が決められている。ところで意外なことだがアメリカの場合、平和時には、少将が昇進の最後になっていた。それではどうして大将がいるかというと、これは職務に付随するもので、海軍大将は作戦部長、太平洋、大西洋、アジア艦隊司令長官の四人だけが在任中なれる。転職するとまた少将に逆もどりした。

第二次大戦後は日本軍のように大将も中将も職務と関係なく本人の肩書きになったが、戦前、戦中はこのように運営されていた。そこでややシンプルな見方だが、45ページのパーセンテージをみても分かるとおり中佐から大佐へは半分がなれるが、大佐から少将へはそのまた四分の一しかなれない。

　このように少将が厳しいのには沿革があって、昔は軍人は大佐が最高だった。大佐のことを英語でキャプテンと言うが、これは陸軍なら隊長、海軍なら艦長で、その上は王様か皇帝が直々（じきじき）に就任する司令官しかなかった。ところが、ナポレオンが連戦連勝して全ヨーロッパの各方面に派遣軍を出したときのことだが、派遣軍はそれぞれの方面で各地の王様を相手に政治折衝もするようになり、いちいちナポレオンに相談もできないので隊長の上に政治もできる将軍を置くことになった。将軍は戦争だけでなく、ナポレオンの代理として、和平や戦後秩序のあり方まで決定できる権限をもったのでジェネラル（一般）と呼ばれた。

　そんなわけで少将・中将・大将の将官は政治家も兼ねた格別の地位なのだが、陸大の入試に合格するとそれがほぼ確実になるのである。

　しかも大事なことだが、明治・大正から昭和にかけての頃、日本の首相は誰がなるかと

自衛官の階級別定員数（平成29年度）

階級	人数
陸・海・空将	62
陸・海・空将補	207
1等陸・海・空佐	2,162
2等陸・海・空佐	4,851
3等陸・海・空佐	10,501
1等陸・海・空尉	13,981
2等陸・海・空尉	8,382
3等陸・海・空尉	5,547
准陸・海・空尉	4,930
陸・海・空曹長	19,576
1等陸・海・空曹	26,968
2等陸・海・空曹	44,679
3等陸・海・空曹	48,387
陸・海・空士長	32,573
1等陸・海・空士 2等陸・海・空士	24,348

（防衛省「数字で見る！ 防衛省・自衛隊」による）

いうと陸軍大将がなる場合が一番多かった。だから、陸軍で偉くなることは首相への道で偉くなることでもあって、現在の常識で考えて、単に自衛隊で幕僚になることと考えてはいけない。

現に今村均の同期生からも東条英機が首相になっている。

大成した大物には五、六浪組も

陸軍大学校の卒業生名簿では陸軍士官学校の卒業年次が付記されているが、これを見ると同期生五十六名の中で、一番の先輩は陸士第十五期の卒業生でそれが七人いる。一番若いところでは第二十一期の卒業生が三人いる。今村均は第十九期である。その間六年間の年齢差があるわけでいわば五浪・六浪がたくさんいたわけだ。東条英機は第十七期だから四浪、今村均は二浪になる。しかし、現役合格は三人だけで一浪合格も五人だけだから、二浪の九人に今村均が入っているのはたしかに若いほうである。ただし陸大受験は連隊長の許可が必要で、現在の受験戦争でいう二浪、三浪の表現がピッタリではない。陸大卒業後はまた陸士卒業の年次がモノをいった。

本文の中で陸大入試不合格組の中に名前が出てくる板垣征四郎（第十六期、後に大将、陸軍大臣、戦争犯罪に問われ巣鴨で刑死）と山下奉文（第十八期、後に大将、第二十五軍司令官としてシンガポール攻略、比島第十四方面軍司令官として戦争犯罪に問われマニラ南方、ロス・バーニョスで刑死）は、翌年の第二十八期生（大正五年卒業組）の中に名前が見える。将来大成する大物はゆっくり合格するのかもしれない。

そう思って陸大の入試問題を見ると、まず第一次試験の初審はなかなか細々（こまごま）した問題ばかりである。

今村均が受けた大正時代の初審は四月に行なわれ、五日間に及ぶ。

課目は初級戦術（甲、乙、丙）、築城学、兵器学、地形及交通学、軍制学、語学（甲〔欧文和訳〕、乙〔和文欧訳〕、丙〔文法〕）、数学（甲〔代数・三角〕、乙〔幾何〕）で全部筆記試験である。初級戦術の甲、乙は馬に食わせるほどある各兵種の操典を覚えていないといけない。初級戦術の丙は応用戦術で、第一問は、ある状況の下で諸君は司令官としてどう決心するか、という問題である。出題される場所の地図はたいてい満洲（現在、中国の東北地方）で兵力は混成旅団程度、そこであたえられたある状況に対し、自分はこれから何をするのが最善と信ずるかを書くのである。

自叙伝や回想録は何でもそうだが、素人分かりがする感想を主に書くので軍人の世界特有の話は省略されやすい。そこを補う意味で、今村均の本業である軍人とか参謀の仕事は何であったかを他人の私がつけ加えて書くと、このあたえられた状況に応ずる司令官の決心という問題は軍人にとってはもっとも重要な仕事であり、またサラリーマンや企業経営者にとってもたいへん参考になる。

答案は次のような内容をもったものになる。まず司令官の決心を試験官によく分かるように書く。もちろん、実戦であれば部下がよく分かるように、である。

たとえば、最初に攻めるか守るかを決心して、

○○支隊ハ敵ヲ攻撃スル目的ヲ以テ某処ニ向ヒ前進セントス

とか、

○○支隊ハ某処ヨリ某処ニ亘リ陣地ヲ占領シテ増援隊ノ来着ヲ待タントス

と書く。

それからその理由を述べるのだが、敵情の判断、わが軍の任務と戦力の情況、地形・気象の利・不利等を順番に要を把んで簡単に書いていく。これは将来とも一番重要な自分の仕事になる。

毎年、初審で落とされる陸軍士官は、この戦術と数学に不得手なものが多かった。戦術

では総合判断力や文章力が試され、数学では一問でも失敗するとバッサリ点数が下がるからだ。この点は今も変らない。戦術と数学についで兵器学も減点されやすかった。現用火器や弾薬に関する細かい知識の他に公式や計算問題も出たからである。

南京(ナンキン)大虐殺事件では、日本軍の機関銃が三時間も鳴りつづけて三十万人も殺したと書いてある記事があるが、機関銃はそんなに連続発射に耐えられない。冷却の問題が大きいが、また、当時の日本軍の機関銃は摩耗のため一万五〇〇〇発で銃身の交換をした。

そういうひとつひとつの兵器に関する具体的知識をしっかりもっていなくては、軍隊の指揮はできないからこれは当然である。

失敗も後の処置で認められる

初審の合格発表は八月初旬に行なわれ、次は十一月末か十二月初旬に再審が行なわれる。

再審の競争率は二倍である。再審の趣旨は総合的理解力や判断力で、初審が学識の検定であるのに対し、学力活用の判定を行なうことになっている。とくに口頭試験が多かった。面接で次から次へと聞かれるのを、その場で答えてゆかねばならない。だから単に秀才であるだけでは駄目で、気力・才智・礼儀・度胸・愛嬌等々、ありとあらゆる人間能力が必要だし、またそれが得点源にもなった。そこで初審の前には毎夜おそくまで教科書を読みふけった受験生も、再審の前には悠々自適して浩然の気を養い、散歩をしたり、歴史書を読んだり、また、同じ読書にしても一ページごとに顔を上げて自問自答したり、ときには女性のところへ遊びに行ったりするのが効果的だった。これは現在の就職の面接試験にも言えることである。

最終日の人物考査では面接の最初に試験官は服装、動作、言語などでその欠点を厳しく注意したりしたが、それは相手の不意をついてその反応を見ようとするのが目的で、別にボタンが外れていたから何点マイナスというものではない。これは入社試験でも同じだし、サラリーマンの日頃の勤務でもよくあることである。欠点を暴露してもその後の処置に機転がきいたり、誠意が認められればかえって雨降って地固まる経験は誰でもある通りである。

面接ではよく試験官と受験生が論争になるが、これは我説を通して論破すれば才能が認められるというものでもないし、試験官に迎合して適当に従順なところを見せておけば成功するというものでもない。試験なのだから自分の才智は尽くさねばならぬが、それを相手に円満に分からせる表現力や社交力もまた備えていなければならない。ときには試験官のほうが興奮してしまうこともあるのだから、そんなときは適当に論争をやめて退却し他日の逆襲を期するのもまた、戦略・戦術というもので、その道を選んでその場を丸くおさめたとしたら、それもまた相手には分かるのが面接というものである。また、禅問答のような何を聞いているのか分からない質問も多く試みられた。

椅子をわざとかくしておいた上で、「どうぞおかけなさい」などと言って、咄嗟の機転や心の動揺ぶりを見たりした。

陸大の再審は落とすのが目的というよりは、やはり将来、陸軍の中枢を担う将官として立派な人材を得ようという趣旨だから、いわば仲間に入れるかどうか、という人物試験の意味が強かったようである。

そのように考えると、陸士時代からすでに秀才の評判が高かった若手将校の陸大受験勉強に対して先輩の上官たちがいろいろ応援したわけも分かるし、そうした応援がだんだん手厚くなってゆくことを憂う人々が出てくるわけも分かる。今村均も陸大受験時はまだ二十五歳で、勉強も人一倍熱心だし、また、軍人は現場の隊務が第一だと言われればその点も人一倍純粋に受けとめるしで、混乱もまた人一倍烈しかったのだろう。

当時の試験官で後の参謀総長鈴木荘六大将は「君の場合は、あのときの態度がとくにみにくかったので、それで、覚えている」と語っているが、自分一人だけではない全軍の風潮であることを叱責されたとき心から恥じて何の反駁もしなかった今村均は、むしろ純粋である。その純粋さにもう少し激していたら、直ちに立ち上がって敬礼し、「自分はお言葉により目が覚めました。只今より隊に帰って職務に精励します」と答えることになるが、二十五歳の青年にそこまで期待するのは無理と言うものだし、芝居がかっている。入学したいと思う気持ちとの板ばさみになって呆然自失していた姿をそのままに、試験官も今村均の若さと受けとっている。だから合格したのである。

今村均はあまりにも優秀な成績をあげていたので全員を代表して叱られたのであり、それを他人もしているなどと言い訳しなかったのは、自分を全軍の代表に置く高い精神の現われである。そういう人でなければ最高の将官に置くことはできない。

こういう、自分がみにくかったような話もそのままに書いているのが、この『今村均大将回想録』の魅力である。

第三話　陸大卒業

卒業試験

三年間の陸大生活もいよいよ終わりが近づいた。次はその卒業試験の話である。

陸大三ケ年教育の卒業試験は、参謀演習旅行の名のもとに、野外で行なわれる。私たちの時は、仙台、山形、弘前の三地方で、各々七日づつの三週間に亘って行なわれた。

私たち三年学生の六十名は、二十名づつの三個班に分けられ、各班毎に指導官一、補佐官三が附き、此の四人の教官が、試験官となり、各学生の能力を観察する。

試験は、各班共に、十名づつの二組にわかたれ、各学生は、互に相対抗する、両軍の軍司令官、軍参謀長、軍内各師団長などの職務に当り、攻撃、防禦の作戦をやらせられ、試験官は、各人のやりかたの適否を考察して採点の上、卒業序列を決定する。

勿論右の職務は、不公平にならないように時々交代し、最後の一週間は、六十名全員を一班にまとめ、大学校幹事（大佐か少将）と、その補助官とが、演習を指導して試験することになっていた。

私の属した第一班の指導官は、吉岡顕作中佐。その補助官は、林仙之中佐（後の大将）多門中佐（後の中将）柳川平助中佐（後の中将）の三名だった。

演習第一日、私は、北軍司令官に当っている岡部中尉（後の大将）に対抗する、南軍司令官の役をふりあてられ、北白川宮成久王殿下が、私の軍参謀長に指定された。

私の母の妹。寡婦となっていた叔母は、成久王の御長男、永久王が御誕生の時から、宮家に召され、守人となり、つづいて三王女のお生まれ毎に、守人を仰せつけられていたため、私が仙台から上京し、成久王と同時に陸大に入校、三年間同学班で学ぶようになってからは、毎月一度南高輪の官邸に召され、なにかとお話を交わし、遠慮気分は、他の学生にくらべ、ずっと少なくはなっていたものの、又演習に過ぎない参謀旅行ではあっても、殿下に私の考えを申し、命令文を起案していただくような気にはなれず「何んでもいいつけ給え」とは申されたが、

「そばで御覧になっておられ、何か間違いをしていると、御気付きになりましたとき、御注意下さるよう、お願い申し上げます」

かようにお答えし、結局軍司令官と、その参謀長のやるべき両方の仕事全部を、自身ひとりでやることにしたので、忙がしいことは大変だった。

当初私の班の指導官は、菊池武夫中佐にきまっていた。此の南朝の忠臣、九州の菊

池氏の後裔である武人は、いかにも恬淡快活で、その戦術思想も大胆であり、学生大部の信望を受け、参謀演習では、どんな壮快な構想で指導されるかと、待望していたのに、満洲方面の情勢上、至急そっちに派遣され、吉岡中佐に代ったものである。

私は、入学の口述試験の人物考査の時、吉岡中佐から、ひどく叱られただけで、三年間一度も教えられていない。従ってその性格については、全く承知することなしに、その人の試験を受けることになった。

こんなことから、私の行なった軍の運用は、多分に試験官の流儀とちがい、指導しにくかったらしく、時々声を荒くし、私のやりかたを修正させようとしたが、私は殆んど一度も、これに応じてなおしたことがない。吉岡中佐は、不快の表情をおもてにし、いろいろ私につっかかって来た。私の……ずっと年を重ねた後になっても、治らないでいる……昂奮性は、三十歳まえのその時分は、人並み以上につよかった。そのため、演習第三日、仙台北方古川平野での攻撃作戦では「試験で落第したってかまわない」という、棄て鉢気分になってしまい、試験官が大きな声をだせば、こっちも逆に指導官の考えの不当を論難するような、反抗的態度にまで出てしまった。

この日の演習には、大学校長の河合操中将（後の大将、参謀総長）が、朝から私たちの班に臨場して視ていた。第一日にも来たので、これが二へん目である。この将軍は、陸軍きっての謹直家、その容貌は厳格に見え、眼光は威力をもっている。私は第一日に二回、今日また午前に一回、私の不動の姿勢がわるく、首が右に傾いていることを注意された。

午後の四時頃、演習が終り、吉岡中佐が「これできょうは終る。解散」と指令したので、私たちは校長と教官四人とに敬礼し、その場を去った。

不意に校長が、

「今村中尉は、こちらに来い」

と呼びとめた。

私は校長の直前に進み敬礼した。

「貴官は、校長から幾回姿勢を正されたか」

「三回であります」

「三度も注意され乍ら、少しもなおっていない。己れの欠点を正す誠意がなければ、なおらないぞ」

力のこもった声で、かようにたしなめ、又首より上の姿勢をなおした。

吉岡指導官と張り合った上での、校長よりの叱責である。私の気分は頗る暗くなった。午後五時前、宿にしている家にかえると、私たち三名がご厄介になっている家、古川の郵便局長さんが、

「今村さん。呉服屋の別荘におとまりの、殿下のお附武官から電話で、おかえりになったら、すぐにおいで下さるようにとのことです」

こう伝えた。

「今夜下す軍命令も、自分で書くつもりでいるし、殿下を煩らわすことはないのだが、何の用だろう」と不審に思いながら、五百米ほどさきの、殿下のお宿所に行ってみた。すぐ庭さきに廻(ま)わされ、お部屋の前にまいると、殿下はまだ軍服のままでおられる。

「何か御用でございますか」

「御用じゃないよ。参謀長が、軍司令官を呼びつける用なんかあるものか。『聞きたいことがあるから、今村の宿に行く、もう帰ったかどうか、電話できいて呉(く)れ』といったのに、野崎(のざき)(皇族附武官)が、さきばしって、君に来いなんかいったんだな、けしからん……」

「いや私がまいったほうが、手軽でよいのであります。聞きたいことと申されるのは、何のことでございます」

「君が南軍司令官として、戦っている敵は、どれかね」

　変なことを聞くもんだと、不思議に思った。

「敵は依然、四つ壇原（よつだんばら）から、岩出山（いわでやま）北方高地に亘り、陣地を占めており、他に移動したような情報は、得ておりません」

「そうかね。僕が見ていると、君は、その北軍の敵を攻撃しているのではなく、吉岡試験官を敵として戦っている。それでは北軍には勝てないよ」

　瞬間、私は己れの過失に気がついた。

「まことにその通りであります。あすからは、冷静に北軍と戦います。有難くお言葉を拝しました」

「お言葉じゃない。軍参謀長としての意見具申だよ」

　笑いながらそう申された。

　私は翌日から、つとめて平静に気をつけ、指導官との問答にも、礼を失するような言葉をつつしんだ。

〝実力〟本位の試験制度

まず陸大の卒業試験はどんな性格のものか、を考えてみよう。

日本の陸軍も海軍も、それから政府も高級幹部要員の選抜に当たっては試験を非常に重視した。何日間にもわたって綿密な試験を行ない、その試験の成績と席次はほとんどその人の一生を決定した。どうしてそうなったかと言うと、その前の時代があまりにも情実や縁故優先だったからである。

誰でも知っているとおり、薩長(さつちょう)が徳川(とくがわ)幕府を倒した主勢力だった余勢により、薩長出身者でなければ明治政府の要職にはつけない時期があったのは一時的には良いとしても、その後、新政府が軌道に乗ってからもそれが続き、その上、薩長出身者であれば誰でも縁故を頼って要職につくということになっては明らかに問題が生じた。

そこで、薩長出身以外の人は団結して努力し、徐々に、要職にある人が自分の縁故を採用したり登用したりするのを防ぐために、学校を設けたり、特別の試験を設けたりして、その合格者でなければエリートになれないことにした。それが第一の対策で、第二の対策はその合格者の中からさらに門閥や情実による昇進を防ぐため、成績重視の風をつくった。

それはそれなりに悪いことではなかった。つまり、門閥社会よりはまだ学歴社会のほうが良いし、依怙贔屓（えこひいき）社会よりは成績重視社会のほうがよほど合理的で明るい。それは入学試験や学内試験は誰にでも平等にチャンスがあるからで、海兵に教えにきた外国人教師は日本の生徒の出身家庭が上下混在で実に民主的であるのに感心している。しかし、それが定着して今度は学校さえ出ていればどんな人物でも偉くなるとか、若いときの成績さえ上位なら誰でも将来は確実視されるとかになると、これもまた門閥社会・情実社会とほぼ同じような弊害を生じる。

つまり、学歴と成績の社会は〝門閥社会〟よりは良いが〝実力社会〟よりは悪いというわけで、学校と試験を管理する当局者はその声に応（こた）えるため、なんとかして学校を実際に役立つ実力を教える場とし、また、成績を実力に近いものにしようと努力する。とくに軍隊の場合はそれが深刻である。どうしてかと言うと、実力とは〝実戦〟の場でどうかであって、民間の商売のように毎日の商売をやらせながら訓練したり選抜したりできるのと相違する。世の人々は実力社会を理想視するが、碁打ちやプロ野球の選手ならともかく、軍人の場合、実戦をやらせてみてからその実力を判定するのではおそい。

どうしても実力を事前に判定して、それがあると思われる将校をそれぞれ最適のポストに配置した上で、有事に備えることにならざるを得ないから、軍の学校は教育を実戦に似たものにする努力を一般の学校よりはよくやっていたと思う。

今になって軍の教育を種々批判することはやさしいが、現在の大学の経済学部や経営学部が実際の企業経営上の実力と合致するような教育や試験をはたしてどのくらいやっているかと考えると、それは陸海軍の学校より遥（はる）かにいい加減であると認めざるを得ないだろう。だが、そんなに努力してもいよいよ実戦となると大学で成績のよかった参謀や指揮官は消極的であるとか、形式的でマンネリであるとか、具体的応用力に欠けているとかの批判が残った。

ノモンハン戦（昭和十四年〔一九三九〕）の終了後、ソ連軍の指揮官ジューコフはスターリンからの質問に対し、日本兵の頑強さと勇気は称賛したが、高級将校については「積極性がなく紋切型」と答えている。自分が兵士からのたたき上げであることを宣伝とする意味もあるが、たしかに日本軍はノモンハン戦の後半においては、ソ連軍が戦訓を素早くとり入れては面目一新で攻撃してくることに驚嘆している。アメリカの戦争回想録にも、日本軍の作戦は紋切型だったとの感想が各所に見られる。日本海軍の艦長たちは初動攻撃には優れていたが、混戦になってからは信じられないほど無能だったとキング元帥（合衆国艦隊司令長官）は書いている。

机上の秀才を重視した弊である。

有望な人材には上役も厳しい目

さて、本文はその卒業試験の情景である。学生は敵味方の二組に分けられ野外に立ってあの丘、この川を眼前にしながら時々刻々に敵軍の動静を告げられ、それに対応する自軍の作戦を考えてはそれを命令の文章にして試験官に提出する。試験官は両軍の動きを知っているので、たとえば敵の大部隊と味方の小部隊が接触し交戦したとすれば、お前の○○支隊は全滅したとか苦戦中だとか、その結果を教えてくれる。司令官とか参謀長とかに仮定されている生徒は、すぐに次の処置を言わねばならない。もしも司令部が移動中であれば、歩きながら命令を発して書記に書きとらせねばならない。次から次へと困難な情況があたえられて夜も寝られないくらいになり、生徒は体力も能力のひとつだと思い知らされる。

しかも、これが実戦であれば、司令官や参謀は命令を下せばあとは結果を待つだけだが、これは試験なので試験官が横についていて、お前はなぜそうするのか、とか、なぜそう判断するのかと質問がうるさい。

さらには試験官のほうでも内々に想定しているシナリオがあるので、あまりそれに外れた進行になっては具合が悪いという事情もある（試験官が今夜は温泉地近傍に宿営したいと思って、しきりに退却を奨めたというエピソードもある）。それやこれやで、今村軍がもしも圧勝の形勢にでもなると、そうはさせないようにいろいろ意地悪を言ってくる。賢い今村均は教官の判断の不当や、不合理に納得せず、最初は困惑し、その内には教官は自分に故意に意地悪をしているとも感じたことだろう。そこでだんだん吉岡試験官とは感情的にも対立したことがこの話の始まりである。

教官のほうはもう今村均を首席卒業の有力候補に予定していたのだろう。上役はそういう場合も辛く当たるものである。サラリーマン生活でも、勤務評定で高い点を与えた部下にはねぎらいの言葉をかけたりするのがとかく簡略になる。逆に全体からの都合であまり良い点をつけられなかった部下には、来期こそは頑張って欲しいという意味も込めて「今夜は呑みにゆこう」とかなんとか配慮をしたりする。

だから上役が自分に厳しいときはかえって有望な場合が多いのだが、この場合もそれに当たると思われる。

効果を挙げた成久王と今村の組合せ

次にこの話で面白いのは皇族の北白川宮成久王殿下の果たした役割である。成久王は陸士の第二十期で今村均の一年下である。この演習でも祭り上げられて仕事は何もしていない。しかし結局は今村均にもっとももよい忠告をあたえて彼を冷静に立ちかえらせ、南軍の勝利と今村均の首席獲得にもっとも役立つ働きをした。

一番上に立つ人の役割は何かという点で、この話はとても面白い。どこの会社でもそうだが、下々は目がまわるほどに忙しいのに一番上の人は悠々と新聞を読んだり、お茶を呑んだりしている。一見すると不合理な話だが、大組織の中にはちょうどコマの心棒のように一点だけは動かないところも必要なのである。そこに平常心が残っていて、全体の動きが興奮に駆られて当初は思いもかけなかったところへ突っ走ってゆくのを指摘する。それは大事な役目である。

少年マンガや若者向けのアクション小説では何か非凡な能力を備えていたり、逆転のアイデアを発想したりする人が主人公となって活躍するが、実戦の場では常に平凡でいつも普段のとおりであるということが、ときには非凡や超能力を超えた働きをする。陸大の教官たちは秀才の今村を困らせてやろうと思って、わざと成久王と組み合わせたと後になって教えてくれる話がこの後に出てくるが、平凡と非凡、常識人と秀才の組合せという意味で、この成久王と今村均の組合せは意外な効果を挙げたものである。

今村均はこうした経験から学んで、やがては自分自身の心の中に、成久王がいつもいるように修業を積んでゆく。偉くなる人はみんなそういう修業をするもので、東洋では座禅、書、和歌、茶の湯、舞など、西洋では教会での瞑想、器楽、散歩、ギリシャ哲学の読書、詩の暗誦など、種々、平常心の回復手段を上に立つ人は努力している。

才能・知識は大事だが、それは平常心の上に乗ったものでないと大局を誤るもとになるのである。

回想録にもどろう。

——

山形平地に移動する前日、私は軍司令官の職を他の学生と代ったので幾分気が楽になったものの、同平地の演習の最後の三日間、成久王が軍司令官となったとき、今度は私がその参謀長にあてられたので、又々いそがしい仕事となった。これで吉岡指導官の試験を全部終り、弘前平野での朝久野幹事の指導する演習となった。

右合同演習後、六十名の学生は、引きつづきこの平野で行なわれた天皇陛下御統監の陸軍大演習の審判官附属員にあてられ、東京に帰ったのは学校出発以来一ヶ月余の後だった。

卒業試験の及第如何を問わず、仙台の母隊に帰ることになる。それで引っ越し準備に手をつけていると、大学校副官からの速達便がとどいた。「明朝九時登校の上、阿部信行教官（後の大将、首相）の指示を受くべし。依命」と記されている。阿部教官は幹事のやられた合同班演習の補助官主席だったので、「落第、帰隊を申し渡されるのだろう」と諦めてはみたものの、いかにも不安な気持で登校し、副官室にはいり「きょう学校に参ったのは、私ひとりですか」と副官にきいてみたところ、ぶっきらぼうに「さよう」と一言いっただけだ。いよいよ落第ときめこんでしまった。

やがて教官室の阿部中佐のところにいってみた。他には一人も教官がいない。

「卒業式は、約二週間後に行なわれる。その時、君が陛下（大正天皇）の御前で、講演申し上げることに昨日きめられた。ついては現に行なわれている世界戦争中、欧州東方戦場における独露両軍の情報——これは参謀本部の戦史部で集めたものだ。——これをもとにし、きっちり四十分間で終る講演案を四日以内に作って僕に出し給え。必要なところに手を入れ幹事と校長とに見せ、これで良いと云えば、すぐ印刷所のほうに廻す……」

部厚な情報綴りと、ポーランド地域の地図とを手渡した。

（「陸大卒業」）

首席卒業につきまとうハンディキャップ

ここは今村均の陸大首席卒業が決まった瞬間である。

陸大の卒業式は天皇も出席するが、そのとき成績順に上位約一割の者には天皇から「恩賜の軍刀」が下賜され、これは「軍刀組」と呼ばれた。また、上位二割くらいの者は二、三年実務についた後、外国留学の機会があたえられた。さらに、首席の者は天皇の御前で卒業講演をしたが、それが今村均に命じられたのである。首席の者が自分は落第と思いこんでいたところが面白いが、それが今村均のマジメなところに違いない。

このようにして陸大首席卒業という肩書きが今村均の上につけ加えられた。これは出世

陸軍大学の卒業式に向かう昭和天皇を乗せた車
（1930年11月27日、日本電報通信社撮影／共同通信イメージズ）

の切符でもあるが、同時に多くの人からその目で見られる……というか、ときにはその目でしか見られないというハンディキャップを持つことでもあった。事実、軍刀組でも首席卒業組でもその後大成せず、逆に評判を落としたり、早々と予備校に編入されたりした人がいる。最初の話のように当人は普通にしていても「陸大の成績を鼻にかけてそういう横着なことを言う」などと他人から言われるのは余計な負担である。競輪でもトップの選手には風圧が強いようなものだ。

それをプラスの風圧に変えてゆく能力がない人は、なまじハクをつけたために和田大佐のような人からいじめられ、その度に応援を誤って自滅してゆくのである。

第四話

佐々木一等兵

顔をはらした兵士

陸大を卒業した今村均の次の人生は、仙台の歩兵第四連隊の第十中隊長である。年齢は二十八歳になっている（数え年では二十九歳）。

陸大を卒え、仙台の母隊、歩兵第四連隊に帰り、連隊長菱刈隆大佐（後の大将）に申告すると、即座に「第十中隊長を命ず」といわれた。まだ中尉であったが、当時の陸軍は、将校の進級が停滞しており、少尉三年、中尉七年を勤めなければ、大尉に進級せしめられない程だった。それで窮余の一策として、中尉の古参者には、「大尉職務心得」とか「中隊長職務心得」とかの辞令を渡し、俸給は、中尉のものに小額を増し、大尉なみに取扱かい、一時を糊塗していた。私はこの中隊長職務心得を仰せつけられたものだ。

青年将校の兵とのしたしみは、中、少尉時代が最も濃い。朝から晩まで殆んど兵と同様の行動をやっている間に、お互の気心を知り合うからである。私は、もう二十九歳になっており、中隊約百六十名中、私より年長の者は、准尉の永沼誠君ひとりだけだったが、市中に下宿はせず、営内の一室に起居し、血気旺んな、二十、二十一歳の兵の間に交っていると、自然に若返り「まだまだいっしょに駆けまわれる」自信が強まった。

どこの歩兵連隊でも、夏期は射撃と剣術の教育に大童だ。菱刈連隊長は、教育年度の初期に示した規定中に、六月中旬、連隊内十一個中隊間の、銃剣術競技会を行なうことを指令していた。それで各中隊は、四月はじめから、朝夕、剣術の間稽古を重ねていた。

当時連隊の一個中隊は、北支駐屯軍内に派遣されており、その兵舎が空になっていたので、私は他の青年士官四、五名といっしょに、その中に居住していたため、間稽古には、よく顔を出し得た。

四月中旬、中隊長室近くの廊下で、出会ったひとりの兵の左頰が、眼にかけ青ぶくれているのが目についた。

「どうした、佐々木！　頰っぺたを……」

「けさの間稽古で、ころんで打っつけました」

大きな声で、そう答えた。

妙なところを、ぶっつけたものだと、不審に思いながら中隊長室に入ると、まもなく週番下士官の阿部軍曹が、きょうの受診患者名簿を持って来て、私の承認を求めた。患者はわずか二、三名に過ぎない。

「君の班の兵じゃなかったかな。二年兵の佐々木幸三郎は……」

「左様であります」

「間稽古のとき、ころんで頬をぶっつけたそうで、ひどくはらしている。診断を受けさせたらどうか」

此の班長は、軍曹中の最新参者。中学校を半分でやめてはいるが、中々の勉強家、性質も良いと私は見ていたが、何んとも返事をしない。

「君は週番でいそがしく、佐々木のころんだのを知らんでいるのだろう……」

「知っております。申訳ありません。お示しにそむき、私があれを殴ったのであります」

意外なことをいう。

「佐々木は、真面目な兵と見ていたが、何かわるいことをやったのか」

「いいえ。あれは中隊一の良い兵で、わるいことなどは、決していたしません」

「それをどうしてぶったりしたんだ」

「正直一点張りですが、どうしてか剣術がまずいのであります。こないだの中隊内、各班の競技会で、私の班が一番しりになりましたのは、あれが全敗だったためで、半分勝っていれば、中ほどの成績になれたのでありました。その晩、佐々木が下士官室にやってまいり、

『あすの朝から、しばらくの間、特別に剣術を教えて下さい。起床時刻三十分まえに、私が起しにまいります。裏の桜並木の下でやれば、兵舎にはきこえず、他の邪魔にはなりません』

そんなにいうもんですから、きょうまで十日ほどやってみました。が、ちっとも上手になりません。いくら注意しても、目をふさいでやるのです。

とうとうけさは腹が立ってしまい、

『佐々木！　特別教育は、もうやめる。面を脱げ』

『班長殿！　もっと教えて下さい』

彼が面をとったとたんに、私の手が、あれの頬につづけさまに飛びました。

『どうしてこの眼を開けてやれんのか』

『私はどうして、他の者のようにやれないのでしょう……』

そういい、おいおい声を出して泣き出しました。急に可哀想になり、私も泣けてしまい、しばらく桜の木の下で、泣き合いました。ひょっと見ると、あれの頰が眼のへんまで青くふくれています。

『佐々木！　すまなかった。眼はいたまないか』

『どうもありません。此の眼は、あってもなくても同じものです』

いくら診断を受けさせようとしましても、私が処刑されることを心配してでしょう。どうしても受けないと頑ばります。

私はこのことをお詫び申し、中隊長殿の御処分をうけるつもりでまいりましたのに、さきにおたづねを受けてしまいました」

いかにも恐縮しきっている。

「わかった。すぐ今から、あれを医務室につれて行き、眼球に異状があるかどうか診てもらえ。原因をきかれたら〝あとで中隊長が、直接軍医殿に申しあげるといっておりました〟といいたまえ」そう指示した。

佐々木一等兵は、松島の北方、志田郡鹿島台村の小作貧農の三男。小牛のようによいからだだが、牛のように動作がのろい。正直一点張りだけに、よけいほかのものから馬鹿あつかいされるらしく、「牛」「牛」とあだなされてるとのこと。

二十一歳の若人。いいあんばいに、三日程で、頰のはれは引き、眼球には何のさわりもなくてすんだ。

四日目の早朝。又はじめられた阿部軍曹の佐々木に対する特別教育を見に行った。しばらく二人の動作を見た後、私は班長に言った。

「佐々木の眼は、どこか神経性の故障があるらしい。本人は開こうとしている。が、対手の木銃が近づくと、どうしてもあいていられないようだ」

二人の防具をとらせ、佐々木に次のように示した。

「佐々木の眼は、病気であけていられないのだ。これからは、眼をふさいだままで、どうしたら、自分といっしょに、敵をたおす事が出来るかを考えなければならん。幕末の江戸に、千葉周作という剣道の大達人がいた。やっぱり仙台の人だ。或日、その先生のところに、若い茶坊主の一人が訪ねて来た。

『先生！　きょう間違って、一人のお武家につきあたり、そのために真剣勝負をやれと申され、きょうの夕がた、お茶の水近くで、勝負をする事になってしまいました。少しも剣道をやっておりません。が、あんまりみぐるしい死にかたをしたくありません。どうしたら、はずかしくない死にかたが出来ますか、お教えを願います』
そうたのまれたので千葉先生は、剣をかまえることだけを教え、次のようにいいきかせた。
『いいか。眼をつぶって刀をかまえ、敵が、何かする気配を感じたら、刀をまっすぐにつきだす。それ以外のことは何もしない』
そう教え幾度も刀を突きだすことだけをやらせて、帰らした。茶坊主は、夕がた試合の場所に行き、千葉先生に教えられたとおりに刀をかまえ、敵の気勢を感じたら、まっすぐに刀をつきだし、そこで死んで行こうと決心していると、不思議なことに、対手の武士が〝こんな少しも隙のない武道の達人に対し、真剣勝負を申込むような無礼をいたし、なんとも申訳ありません。どうかお許し下され〟そう云い、勝負はやらずに、その場から別れ去ったという、有名な話が伝えられてる。佐々木もそうだ。どうせ眼があってもなくても同じだから、あすからは、班長に直突だけを教えてもらい、今の話の茶坊主のように、目をつぶったまま、対手がいると思う所に、唯まっすぐに銃剣を突きつづけるのだ。お前のからだは、小牛のようにつよい。からだが動かなくなる迄、何十本でもつづけて突き出すんだ。敵の剣が、どこを突いて来ようが、一向それにとんちゃくしないで……」

彼はわかったと肯（うなず）いた。

その翌日から、阿部軍曹は毎朝三十分間、剣術教範に示されてるとおりの直突だけを、教えつづけた。

（「佐々木一等兵の銃剣術」）

自分が矢面（やおもて）に立って事を処理する

日本陸軍では中隊はもっともよくまとまった戦闘単位及び生活単位で、中隊長はお母さんだと教えていた。

兵隊の人数は戦時・平時で増減するが、この場合は約百六十名、これが中隊長の指揮にあずけられ、それを補佐するのは兵隊から少しずつ昇進してきた准尉である。中隊の下には四個小隊があり、小隊はさらに分隊に分かれる。ただし、教育期間中は内務班といって班単位で生活するが、兵隊をよくなぐったり私用に酷使したりしたのはこの分隊長とか、班長とかの下士官や、一年先輩の古兵である。

日本軍隊の実質的な中核は班長で、どういうわけかこの呼称は戦後日本の企業はもちろんアメリカにも広がり、近頃はアメリカの会社でもハンチョーがいたりする。

どうして班長がそれほどの実力者になったかと言うと、学校出で実務にうとい若い士官が兵隊同士の生活の内部にはあまり立入らず、自ら浮いた存在になる道を選んだからではないかと思うが、その点に関し今村均は違っていた。それがこの話の第一の見どころである。

どういうところが違っていたかと言うと、まず、部下の兵隊のケガをひとつひとつ気にしている。次に部下の名前と所属をちゃんと覚えている。第三に受診患者名簿をしっかり見ている。それだけのことがそろっているので佐々木一等兵の名前が受診者名簿にないが、一体どうしたのか、お前の班の兵ではないか、という質問が即座に出てくる。

即座に直接の責任者に対して出てくるからゴマカシようもなく、ホントの答がかえってくる。真実を言っても叱られないだろうという雰囲気がその場にあるから阿部軍曹は真実を報告した。今村均も正しい情報を得ることができた。

これは中隊長が兵隊に密着していた成果であり、こういう中隊長ばかりなら軍隊の官僚化は最小限に食いとめられただろうという気がする。

ところで、この話の見どころの第二は報告を受けてからの今村均の処置は中隊長的で、

標準的な師団平時編制

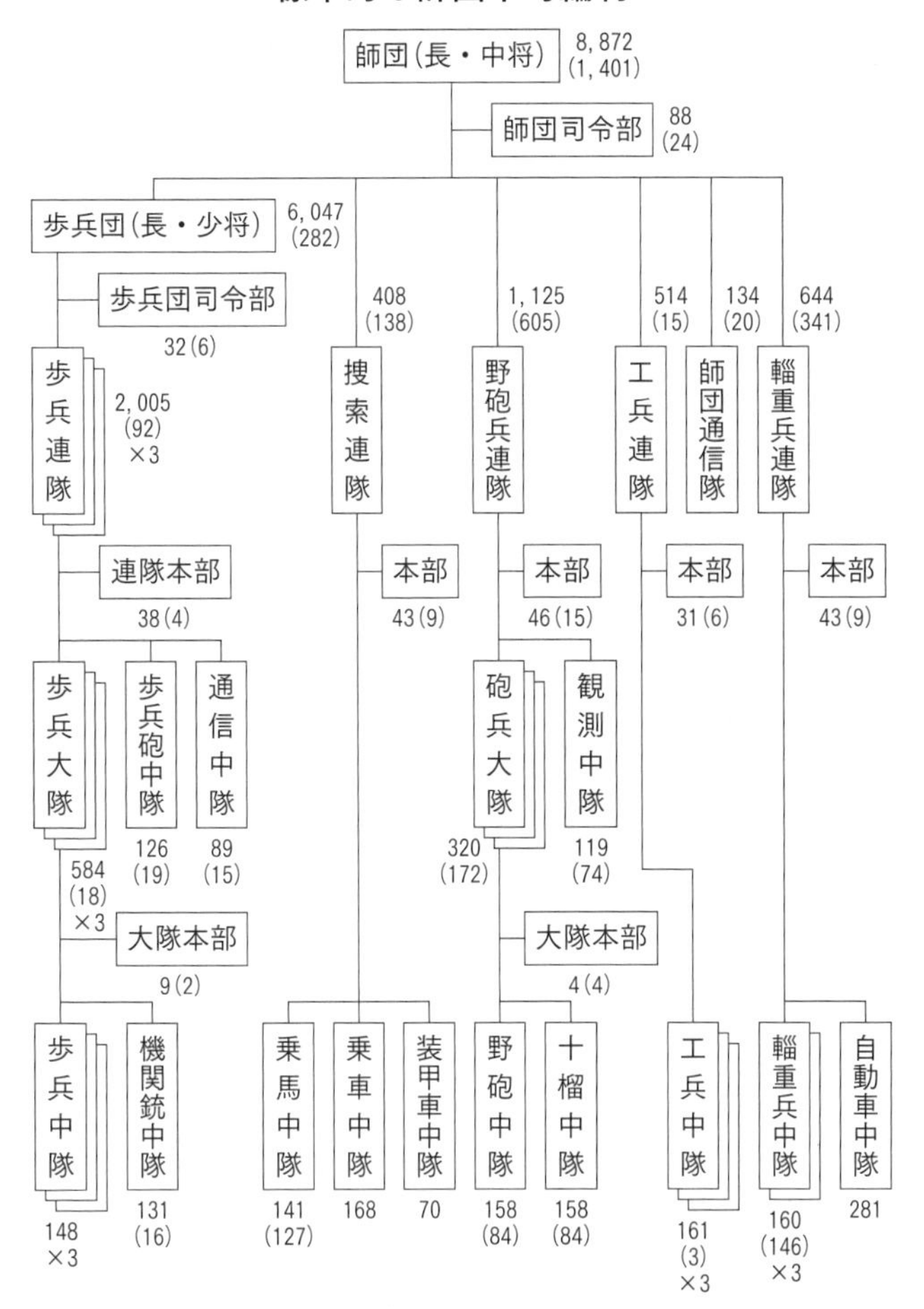

※数字は人員、(　　)は馬匹数を示す。昭和15年7月10日の軍令による
(生田惇氏『日本陸軍史』[教育社刊]に基づく)

決して軍曹や兵隊レベルの共感には止っていないということである。今村均は佐々木一等兵の身辺事情に深入りすることなく直ちに医務室へ連れてゆくことを命じている。戦力の根幹である兵隊の健康を守るという意味で当然の処置ではあるが、普通はなかなかこうはならない。自分の方針に反して兵隊をなぐった阿部軍曹へのお小言が先になるところである。

第三の見どころは兵隊を医務室へ連れてゆくと、医者はそのケガを不審に思い連隊長に報告するかも知れない。そうすると今度は今村均は監督不行届で連隊長から叱られる恐れがある。日本軍は戦時下には兵隊をケガさせるほどなぐるのが普通になったが、平時からそうだったわけではない。もちろん規則はそれを厳禁している。だから、このまま内密にしてもみ消してしまうのが良いという処世上の判断が生じるのだが、今村均はそんなことよりも佐々木一等兵の眼球を優先させている。

第四の見どころは軍医が持つであろう不審に対してはその説明を軍曹まかせにせず、自分が直接行なうとしたことである。逃げかくれせずにいつも自分が矢面に立って事を処理してゆくのが今村均のやり方だが、ここにもそれが現われている。中隊長が自身で顔を出して事情を説明すれば話はコジレずに済むというものである。

前向きな物の考え方が基本

世の中には相当の教育を受け、相当の地位についた人でもそれができず、何でも部下任せにして、そのために話がコジレるとなおさら後難を恐れて遠ざかる人が多い。それでも上に対して言い訳がうまいと結構出世することもあるが、結局、その人の所轄事項にはいつもゴタゴタが多いという結果は残る。

下の人間にはその原因がよく分かるので尊敬されないし、信頼もされない。それがつもると、部下は各自勝手に動きだすので統制が緩み、イザというときに集中した戦力発揮ができなくなる。

部下もまた上を見習って面倒から遠ざかるからである。たとえば主力部隊が苦戦していても、部下の部隊がいろいろな言い訳をつくって、苦戦すると分った応援にはかけつけなかったりする。

隊長としては自業自得で、日中戦争にはそんな話がいたるところに転がっている。部下を官僚的に扱うと部下からも官僚的に扱われるというわけで、この関係は軍隊もビジネス社会も同じことだろう。

さて、話を続けよう。診察の結果、佐々木一等兵の眼球には異常がなく煩のはれも三日程でひいた。しかし、相手の木銃が近づくとどうしてもあいていられないクセは直らない。

今村均は阿部軍曹の佐々木に対する特別訓練を見にゆき、しばらく観察した後、佐々木に対して次のように話した。

「佐々木の眼は、病気であけていられないのだ。これからは、眼をふさいだままで、どうしたら、自分といっしょに、敵をたおす事ができるかを考えねばならん」

あくまでも物の考え方が前向きである。または大目的を見失わない思考である。そして千葉周作の話を終えた。

話は広大深遠だが、指示は極めて簡明かつ具体的である。千葉周作は同じ仙台の人だ、というのも暗示として効果を挙げている。部下に対してこういう指導ができる上司は少ない。

そこで回想録の本文に返ろう。

――四月下旬、大隊内四個中隊間の剣術競技会が行なわれ、佐々木は中隊内百四十名の百四十番として、他の三個中隊の同一番号のものと、試合したところ、不思議なことに、全勝した。眼をつぶったまま直突で……。

中隊内六個班競技は、毎週土曜日午後にやっていた。佐々木は次第にその順位が上になり、一ケ月半以後には、中隊の兵百四十名の誰もが、もう彼の直突を防ぎ切る者がなくなった。牛のようなからだの兵が、眼はつぶり乍ら、教範に示されている通りに、まっすぐにつきだす木銃の尖は、ちゃんと対手の胴まん中を目がけてつきすすみ、いくらはらわれても払われても、ひっきりなしに突き出される。それがいつか敵に当り、しかも彼のつきまくる姿勢には、中々隙がないらしく、敵の木銃のさきは、はづれてばかりいる。審判官が「勝負あり」と判決しても、夢中になってる彼の耳にははいらず、審判官が、その手にもっている木銃を、試合者のまん中にさし入れて離さない限り、彼は直突の連続をやめない。

中隊の誰もが、彼を上手とは見ていないが、順位は勝星の数で変えられ、結局彼は、一ケ月半ほどの間に、中隊兵中の第一位に進んだ。それでいてやっぱり彼の眼は開かない。

六月中旬に実施された、十一個中隊間の競技大会には、彼は他中隊の第一位者十名を相手に、試合することになった。阿部軍曹は、まるで己れ自身がやっているように、全身を緊張させ、両拳を握りしめ、ひたいに汗をだしながら、佐々木をみつめている。世には不思議なこともあるものだ。この試合の半分ごろから、彼の両眼は大きく開かれ、しかもまるでまたたきをしない。

どの対手も、どの対手も、彼の直突を胴にあてられない者はなく、彼は十戦十勝した。菱刈連隊長は、じっと彼の試合をみつめていたが、

「この兵はわざで勝っているのではない。無念無想、剣の心を、木銃の尖に込めてるだけだ。どんな性質の兵かね」

こう私に質問した。私は、阿部軍曹と彼の情合いを、かくすことなしに語り、彼が頬をなぐられたときのことも報告した。

「そうか。なぐったのはよくなかったが、それこそ愛のむちだったのだ」

大きくよろこばれ、彼に優等第一の賞状をさずけた。幸にこの競技会で、私の第十中隊は連隊第一位の成績をおさめた。

（「佐々木一等兵の銃剣術」）

今村中尉はこうした中隊長生活を約一年半送った後、大正六年（一九一七）五月、陸軍

省軍務局歩兵課勤務を命ぜられて東京へ出てくる。そこで起こったのが冒頭（第一話）の和田大佐との清書事件（25～30ページ参照）であった。

第五話　炊事当番兵

今村少尉の新兵教育

次はもう少し若いとき、つまり今村均がまだ少尉だったときの話を読んでみよう。偉い人は若いときから偉いと思わせられる話である。

少尉になるのは陸軍士官学校を出て間もなくで年はまだ二十一歳、今なら大学に在学中だが軍人の場合は早くも将校として就職し、月給をもらって勤務し、そしてたくさんの部下をあずけられる。部下を教育して精強な軍人に仕上げるのが仕事である。それからその間には自分も勉強して、三年後には資格ができる前述した陸軍大学校の入試にも備えなければならない。そういう状態のときの今村少尉の想い出である。

現在でも大学を出て就職すると、会社によっては現場へすぐ配属され、百人、二百人の部下を持つ責任者になることはある。しかし、その場合、部下は同じ仕事を何年もやりつけているし、一方、自分はその仕事については大学では何も習ってこなかったというのが若者の人生第一歩だが、軍隊の場合は少し様子が違う。軍隊での部下は毎年徴兵でたくさん入ってくる新兵で、これは軍隊については何にも知らない。一方、自分は陸軍士官学校でとにもかくにも実地と理論を二年やっている。だから部下に対しては多少自信を持てる状況にある。

徴兵で入ってくる兵隊は二年間つとめると満期除隊して社会へ帰ってゆく。その間に戦争がなければ「ああ良かった」である。その他に自分から志願して軍隊に就職してくる兵隊もいる。こういう人は兵隊が職業だから軍隊に一生勤務して少しずつ昇進してゆく。その人たちは昇進が遅いので、年長でも士官学校出の将校の下につくことが多い。しかし、軍隊生活の年数は長いから内部の諸規則や前例や、兵隊の扱いには通じていて、実権を握る存在になり、若い学校出の将校よりも兵隊からは恐れられる存在になる。いわゆる鬼軍曹だが、本人もそれが生き甲斐で、そうなることに成功してからはその実権をなるべく自分の軍隊生活が楽なように行使するところが、若干、問題である。

つまり、初めて世の中に出て仕事についた今村少尉の周囲には、まったく素人で一年目の新兵と二年目の兵隊とそれから志願してきたベテランの下士官、及び同じエリート仲間の同輩が数人と先輩である中隊長、大隊長、連隊長が自分の上に何人かいるという状況だった。

この辺を今の若い人が就職してどこかの支店や営業所に着任する状況と比較してみると、一番よく似ているのは中学・高校の新米先生ではないかと思われる。

私は、明治四十年二月入営の初年兵教育を根本荘少尉といっしょにやるよう、中隊長代理の佐藤正中尉から指令された。

毎年末、各中隊に配当される初年兵は約七十五名。三月下旬連隊長の行なう第一期検閲までの四ケ月間、これら新入営者に対して行なわれる訓練がいわゆる新兵教育で、青年将校の、最も身心を傾けつくしてやるものだ。

私たち同期生はこの年末、少尉に任じられた。河内連隊長は新任少尉のすべてに、兵営の実状詳知のため、引きつづき一年間、中隊兵舎内に、起居することを指令した。内心かくあれと願っていた営内居住が、命ぜられたことは仕合(しあわ)せだった。私は今までの見習士官室、四畳半ぐらいの小室をそのまま己れの居室とすることが許され、一日中兵員、とくに初年兵と起居をいっしょにすることが出来たので、相互の認識上、大きな便宜が得られた。

新兵は、入営前の職業、家庭の貧富、教養程度などが各別であり、中隊初年兵の三分の二ほどは農村の者、他の三分の一は漁師、工人、商店や会社につとめてた人たちで、八割は小学、一割五分は中学、他の五分が専門学校をおえており、無学者は一人もいなかった。全員が徴兵身体検査のとき甲種合格だった若人(わこうど)たちだが、坐業とか、室内の仕事とかをやっていた者と、農、漁業などをやっていた者との運動耐久力は当初は大きな差があり、初年兵のほとんど全員が、皆それぞれの苦労を味わっている。が、他の社会と、趣(おもむ)きを異にし、全員平等の資格で、その衣食住と鍛練とを共通にしている集団生活は、少なくとも初期は、人間を単純、生真面目(きまじめ)にするものらしく、新兵たちは、小学入校の児童が、その先生を仰ぐように、教官である私たちの云うことによく服従する。私にくらべ、たったふたつ年少のわこうどたちが、無我の態度でついて来る姿を目にし、「自分にそんな資格があるのか。これでよいのか」の反省が、私をいましめると同時に、兄弟以上の愛着を、これら新兵の上に覚えさせるようになった。これは、新兵教育に任ずるすべての青年将校に共通の感情である。

　二月下旬になっても、宮城野原の風はつめたい。ある朝の夜明け時、静かに私の居室のとびらを開ける気配に眼をさますと、新兵の佐藤敏という二等兵が火取缶をさげ、木製小火鉢に火を移している。この青年は福島県の海岸地方、新地(しんち)村の中農のひとりむすこ。老年の父から、「早く兵役をすませ、家を継ぐようにしたら」とすすめられ、十八歳で現役兵を志願のうえ、入営した者。からだは丈夫、他の者と見劣りはしないが、ふたつ年うえの人たちに伍しての行動は、かなりの骨折であり、同輩に敗(ま)けまいと、りきんでやる様子は、気の毒に見られた。——（註。やっぱり年の関係で、一年後に上等兵にはなり得なかったが、旗手少尉に転じた私は、この兵を、連隊長の従兵に推し、河内大佐はことごとくこの青年の純直に感じ入っていた。現に今は郷里で相当の産を作り、一家繁昌している）——。

「佐藤！　新兵も、もう一ケ月だ。やり通せるか」

「はい。やり通せます」

「今までに、一番きついと思ったのはなんだった」

「別にありません。ただ炊事当番さんたちには、どの中隊の新兵も、皆んな困らせられております」

「炊事当番が、どんなことをするのか」

「朝、各班の火鉢の火だねを炊事にもらいに行くのは、新兵にふりあてられています。が、当番さんが意地悪をしなかなか火種をくれず、何かと文句をつけ、火取缶を蹴とばしたり、時にはびんたをはったり、きのうは奈良坂君が、持っていった缶をこわされ、顔をたたかれました」

炊事当番は、毎朝早く起きなければならず、また一般から軽蔑されがちなので、各中隊とともにどこにも使い道のない劣等兵をその勤務に当てるのが普通だった。だからそれに当てられると「おれは劣等兵の焼き印をあてられた」というような、自棄的気分を持つことになる。自然、隊内いちばん不規律に流れてる場所は、炊事場だ。が、私はそこの当番連中が、そんなに新兵いじめをやっているとは知らなかった。私の受持ち新兵中の最優秀者である奈良坂初年兵がなぐられたとき、感情的に興奮をおぼえた。

「そうか。そんなことをやるのか。では佐藤にたのんでおく、あすの朝火取番が起きるとき、おまえの演習衣袴と軍帽と火取缶をこの部屋に持って来てくれ、そして起床喇叭がなったらすぐに、私の帽子と指揮刀と週番懸章とを、炊事場にいってる私に渡してくれ。このことは、ひとに云うてはならないよ」

「はい承知しました」

彼は、私のいった要点を復唱して出ていった。

翌早朝佐藤初年兵の持って来てくれた彼の軍服類を身につけ、兵のように変装し、まだ明けきらないうすぐらい中を、火取缶をさげ、炊事場に行って見た。少し早かったので、ひとりふたりの新兵が来ているだけだった。私の中隊の二年兵中の炊事当番Sが、せっせと釜下に薪をくべ、飯をたいていたが、私の変装に気づかないでいる。

他の中隊から出ているひとりの炊事当番が、私に呼びかけた。

「おい新兵！　まだおきは出来ちゃいないぞ。出来たらやる。ここの手桶で水をくんでこい」

そう云いつけられたので、井戸端に行き、水をくんで持っていった。

「なんだ、八分通りしかはいっていないじゃないか。もういっぱいくんでこい」

しかたなしに、もう一度水をくんできた。

だんだんに新兵が火取缶を下げてやってきた。皆がなにかをいいつけられ、ある者は、炊事場と並んでいる浴室の釜下に火をたきつけさせられ、ある者は敬礼がまずいと、頬をやられ、またひとりは缶をけとばされた。

やがて、まだうす暗い明けがた、起床喇叭がなりひびくと、佐藤敏新兵が私にいわれていた物を手にし、いそいでやって来た。私は兵の帽をぬいで、将校帽にかえ、指揮刀を腰につけ、紅白二色に織ってある週番懸章を肩にかけた。

私の中隊の二等兵、炊事当番のSが私に気づき、

「気を付け」

と、大きな声をたてたので、炊事当番や新兵たちが皆不動の姿勢をとった。

「炊事当番は、私の前に集合。ひとりは炊事軍曹を起こしてこい」

当番十名ほどが私の前に集まった。S二年兵と、私に水を汲ませた当番とは困ったような顔をし、うつむいてだけいる。炊事の監督者である軍曹がやって来た。

「各中隊の新兵が、毎朝火だねもらいに、困っているとのことで、来てみたんだ。君たち炊事当番が、兵隊になっていながら練兵には出られず、毎朝早く起きて、飯たきや、汁ごしらえばかりしている不愉快な気持ちがわからんわけではない。炊事のやりかたが改められ、君たちも練兵場に行けるようになればいいと思う。しかし皆も一年まえ新兵だったときには、ちょうどけさ私が見た通りの意地悪を去年の炊事当番にやられて、困ったものだろう。みんなが除隊して在郷軍人になったとき（あの男は現役中炊事場で、新兵いじめをやった者だ）なんかうしろ指をさされることは、みっともない。自分がいやだと思ったことを、人にやらせるぐらい、卑怯な悪いことはないのだぞ……」

そんなことを云い、私はそこを去った。

大隊長大立目小一郎少佐の出勤を待ち、今朝の大隊炊事場の状態を報告した。

「そうか。そんなに乱脈なのか。厳重に処分しよう」

と大隊長はいわれる。

「処分も必要でありますが、それよりも、もっと大切な改善策をぜひ御断行願います。先ず炊事当番兵割り当ての永い慣習を改めることです。大隊四個中隊の二年兵の成績序列は、大隊本部に提出されております。これと現在の炊事勤務兵とを照しあわせて見られれば、すぐにわかります。各中隊ともに、七十幾名二年兵の、最末位の二、三名を炊事に当てています。彼等はこの勤務を、非常に不名誉なもの、恥辱のものと感じており、その不平不満のはけぐちを、弱い新兵たちのうえに求めているのであります。かように劣等者だけを集め、兵員保健上最も大切な給養のことにあたらせることは、大きな間違いであります。炊事当番は三ケ月交代とし、上、中下位者から一名ずつ割り当て、少なくも二名の上等兵を加えることにしますれば、食事も良く料理され、清潔も保たれ、蠅は少なくなり、あの悪臭もなくなりましょう。それから炊事軍曹は、大隊内第一位の優良者をあてていただきます」

「よし、わかった。すぐ改めよう」

大隊長は、一、二中隊長の反対をおしきり、当番割り当て慣習を改められ、炊事軍曹も更新された。弊風一掃とはいい得なかったが、炊事当番の新兵いじめはよほど少なくなったように、新兵たちはいっていた。

追記　右の時から四十八年を過ごした昭和二十九年、古稀(こき)のよわいに近づいていた私は、当時私の従兵だった。宮城県亘理(わたり)町居住の、佐藤羽志芽(さとうはじめ)君――(私と同年齢)――の申し入れに従い、郷里の墓参からの帰途、その家に立ち寄ったところ、半世紀近い前の戦友三名が、同家に集まっており、三、四時間にわたり昔話を語りあった。そのうちに、当時上等兵だった川崎町出身の及川儀三君――(やっぱり六十八歳になっている)――がおり、

「あなたが炊事場に行くために着ていった兵の軍服は、私の物でしたよ」

と訂正した。が、私の当時の備忘録には、佐藤初年兵の物を着ていったことになっている。たぶん佐藤敏新兵は、自分の軍服上衣がきたないので、班の及川上等兵の上衣を借り、その階級章だけを二等兵のものとかえ、私のところにもって来たものとみえる。

（「炊事当番兵」）

相手への観察が幅広くて深い

なかなか茶目っ気のある話である。

この話の前半では、今村均が兵隊をその出身や生い立ちなど社会的によく捉えていることが示される。そうでなくては兵隊の心をつかんだ指導や訓育はできないからである。学校の先生でも、生徒に全人的にふれあおうとする先生ほど家庭状況にまで立ち入ろうとする。それはおせっかいや覗き見趣味ではなく、教育の効果を挙げようとするとどうしてもそうなるのである。もちろん、その他に同情や愛情が入るのが普通だが、職務熱心さだけでもそうなる場合があるというのは心得ておくべきことである。これは会社の管理職についても言える。

コンピュータで武装した超近代的な企業でも、その中で働く人は様々な生い立ちや家庭事情を持っている。町の中で育った女子社員もいれば周辺の農村から通ってくる女子社員もいる。意外なところで物の考え方が相違していて、善意が悪意にとられたり、何気ないことばが侮辱に思われてその後は働いてくれなくなったりする。

会社の中にいる一日八時間は会社が買いとった時間だから、会社の考え方や都合を押しつけて構わないし（軍隊はそれが極限にまで徹底していて、生命の提供まで要求するところだった）当人もそれは覚悟の上である。一方、八時間以外のことについては会社の上司には立ち入らせない、というのが近代個人主義の理想なのだが、しかし相互に無用な誤解を避け、相手の自尊心に配慮するのは、個人としても職務としても大事なことだから、自分の人生、及び自分の職務に忠実な人はどうしても相手の観察が深くなり背後事情にまで及ぶのである。それが今村均の場合は、二十一歳のときからすでにこのように現われている。

また、たいていの人は他人を見る観方（みかた）が自分中心で、『日本経済新聞』に連載されている功なり名遂げた人の自叙伝でも、昔の関係者のことを語るに当たって、モノサシが自分を誉めてくれた人か、自分に辛く当たった人か、の二分類しかないようなのが時々ある。これは幼児的である。しかし、今村均は当時の部下を思い出すことに当たって、自分によく尽くしてくれた部下と自分に反抗した部下、などの単純な二分類ではなく、人それぞれが人それぞれに生きている様子を客観的に活々（いきいき）と描いている。

本当に二十一歳のときから周辺の人をそのように観察していたのか、それとも回想録を書くときの老成した観察眼がそうなのかは、議論の余地もあろうが、それはともかく、こここでは人々への観察が背後事情にまで及んでいることと、それが客観的であることを味わっておきたい。

そして彼は、たまたま得た情報を伝聞にとどめず、自分が直接に取材して確認しようとする熱心さと勇気とを持っていた。あまり熱心なので、この場合のやり方は一種のスパイであり、堂々たる上司のすることではないが、二十一歳と思えばまあこのくらいの茶目っ気は仕方がないだろう。

自分の功績をゼロにして相手の顔を立てる

問題はむしろこのようにして直接取材した情報の活かし方である。もしも変装した今村少尉はそうとは知らずにこき使った兵隊を叱責したら、情報の活用法があまりにも個人的である。それではむしろ向こうのほうに運が悪かったという同情が集まるだろう。ちょうど警官が物かげにかくれていて交通違反をつかまえたり、アメリカのＦＢＩがオトリ捜査をするようなもので、問題の根本的解決にはほど遠い話になってしまう。

しかし、今村均はもちろんそんなことをする人ではない。今村均がしたことは、炊事当番を集合させての一場の訓示と大隊長への根本的解決策の提案だが、二つとも実に立派なものである。

まず、その場での訓示を見ると、これは炊事当番の兵隊一人一人に自覚を促す話であって、決して週番士官として上からのお説教や叱責ではない。むしろ炊事当番に回された兵隊の不満への同情があふれている。これでは聞くほうも身にしみたに違いない。ネズミ取りの警官もそうだが、普通ならこういう場合は現場を押さえた自分の功績を誇示するような話が長々とあって、聞くほうは説教者及び警察や軍隊などの体制全体にすっかり反感を持ってしまうのだが、自尊心に訴えられては兵隊は軍隊に反感を持つわけにいかない。今村均はいつもこのように自分の功績はゼロにして相手の顔を立て、結局は日本陸軍という体制がトクをするように行動している。こういう人こそが組織の中枢に座るべきであり、事実、栄進して行ったのだから日本陸軍もこの点では立派だと思わせられる（もちろん、全体としてはとんでもないのがたくさん栄進して中枢部に座っていたから、落第なのだが）。

次に今村少尉は、即日、大隊長に対して改善の提案をしている。これも兵隊たちの自尊心の回復を主眼にした方策で、そこに根源があると思うところにのみ対策を集中して、それ以外のことには全然言及していない。読者は今村均の筆に乗って事態を理解しているからこの提案は当然のことだと思うし、それを採用した大隊長はそれで普通の大隊長だと思うかもしれないが、なかなかそうではないはずである。

まず普通なら、炊事とはそんなモノだとあきらめるところだし、新兵にはむしろ苦労をさせたほうがよいと積極的に評価する人もいるだろう。だからせいぜいのところ、ナグルのが悪ければ「ナグルナ」と示達し、不衛生が悪ければ「蠅ヲトレ」と命令すれば良いと思うくらいのものである。

問題提起には、よき解決策を添える

どんな組織であれ、もしも組織を結成してモラル・アップのため好成績者を表彰すれば、その反面では心ならずも成績不良者が発生するのは避けられない。どうしても発生するとなれば、そのためのゴミ箱がいる。成績不良者のたまり場だが、そのゴミ箱視された部署に関して多少の弊害があっても、それは全体が発奮するメリットでお釣りがくるというのが組織の論理である。だから、長い間それでやってきたことなのに、新米少尉が口を出して大隊長がそれを採り上げるとはなかなかのことである。今村少尉によほどの信用が日頃からなければ、提案の内容や論理だけではこうはいかなかっただろうと想像される。

それからこの話は、水戸黄門（みとこうもん）の話によく似ている。起床ラッパが鳴りひびくと同時に二等兵が週番士官に変身して、「気をつけ」の号令がかかるところなどは、実話とは思えぬくらい劇的である。

だが、それから先の解決は大分違うところに注目して欲しい。水戸黄門では悪役は退治して刑に服させ、社会から除いてしまうから簡単だが、実社会でそんな解決はめったにあるものではない。

今村均は敵役や退治すべき人間は一人も作らぬように解決している。悪いのは兵隊を落ちこぼれ扱いする炊事当番制度であって、炊事当番兵たちは加害者というよりはむしろ被害者だったとされている。この考えをつきつめると真の悪代官は、炊事当番制度をこのように放置してきた大隊長及びそれを補佐すべき中隊長たちだ、ということになるから、何人かの中隊長たちはそれぞれに気づいて改革に反対したのは当然のことだった。

では、今村少尉はそれにもかかわらずどうして事態を改善することができたか（つまり作戦目的を達成できたか）、と考えるとそれは大隊長に対して、直ちに〝良い代官〟に変身できそうな良案を極めて具体的に教えたからだと思いつく。

確実に良い代官に変身できる方途（ほうと）がそこにあれば、大隊長は昨日までの自分が悪代官だったことを認めるにやぶさかではなくなるのである。

会社でも家族でも何でも同じだが、何か問題を見つけた人は、その解決策もセットで直接当事者に提案すると良いということがこの話でよく分かる。解決策を用意せずにただ警鐘を乱打すると、問題の重要性にまだ気づいていない周囲は、その人を単に事を好む人と誤解しやすいものである。

葵（あおい）の御紋の印籠（いんろう）を持っていない庶民は印籠の代わりに何かよい解決策を考え出さねば、うっかり悪代官に問題提起をしてはならないのであり、逆に良い解決策を考え出せば、それは新米少尉にとって印籠の働きをしてくれるのである。

つまり、このひとつの話の中で今村少尉は二度、水戸黄門の役を演じている。最初は週番士官の懸章を印籠とし、二回目は具体的な改善提案を印籠として、である。

第六話　ノックス事件

イギリス駐在武官補佐官となる

今村均は陸軍省軍務局歩兵課のヒラをつとめた次には、イギリス駐在を命ぜられている。

まだ駐在武官ではなく駐在武官補佐官として、一九一八年(大正七)から一九二一年(大正十)まで約三カ年をロンドンで過ごしている。その期間中に、一時、参謀本部から「武官不在中、その職務は今村大尉これを代行するものとす」との指令を受けるが、以下はそのときの出来事である。

一日、英軍参謀本部の日本班長ヒル少佐が、電話で私に来訪を求めた。行って見たところ、彼は一通の電報を示した。見ると当時ロシヤの過激派軍に対し、シベリヤに派遣されてる連合軍——(総司令官は、大井(おおい)[成元(しげもと)=引用者注]大将で、その下に、日、米、英の三国軍が行動していた)——中の英軍司令官ノックス少将から、英参謀本部に打電してよこしたものである。

「ノックス少将が、その参謀長とともに、シベリヤで汽車旅行中、ある停車場につくと、日本軍のT少尉が数名の兵をつれ、列車内に進入し、英国旗を示し身分を説明したにもかかわらず、銃剣をにぎり、少将と参謀長とをむりやり列車外につれだし、しばらくの後、英語を解する中隊長の来着により、誤解がわかり、再度旅行をつづけることが出来た。右は、日本と同盟関係にある、英国代表に対する非礼不法の行為であり、目下日本軍司令官大井大将に対し、厳重な抗議を提出中である」

「今村大尉！　君はこの電報をみてどう思う」

「これはT少尉が、英語を解しなかったための出来事で、悪意によったものではない。英語のわかる中隊長の来着により、事件がかたづいたことから見ても明瞭と思う」

「私も同じ見解だ。だがね、階級は少将でも英軍を代表している司令官に対する非礼の行為だったたと思う。此の電報は、異常に英軍中央首脳部を刺激し、ある将官の如きは『どうしてノックスは、即座にその日本軍T少尉を、拳銃で射殺しなかったのか』と憤慨している。誤解からのものではあったとしても、同盟国軍の間柄でもあり、手っ取り早く、大井大将なり、参謀本部なりの名で英陸軍に、遺憾の意を声明してはくれまいか……」

「私一個の考えでは、調査の上、ノックス少将が何等T少尉を昂奮させるようなことをしていないのに、ただ言葉の不通から、左様のことが生じたものなら、早く遺憾の意を表し、解決するのがよいと思う。すぐ電報でたしかめ、珍田（捨巳＝引用者注）大使に報告の上、善処の途をとりたいと思う」

そんなに答えて辞去し、大使を訪ね、ヒル少佐との会見模様を報告した。

「こちらにも、外務省から、電報が来ています。私もヒル少佐やあなたの意見に同意です。こんな些細なことは、早く解決すべきものと思う。私からも東京に電報しておきましょう」

珍田大使は、やはり平和会議の日本全権団の随員になっていたが、必要のときだけ巴里に出向き、大半はロンドンで執務していた。

私はヒル少佐との会談の次第を、参謀本部に電報し〝陳謝の意を表し、即時解決を有利とする〟意見を具申したところ、折り返し返電が来た。

「西比利亜鉄道某駅警備のT少尉が、到着した列車内を点検したところ、厚い防寒外套でからだを覆っている白人二名を目にし、取り調べたところ、言語不通で、その国籍を確かめることが出来なかった。当時過激派要人にして、汽車を利用し、欧州方面に遁走を企てるものが尠なくなかったので、調査のため下車せしめたところ、英語を解する中隊長の来着により、ノックス少将と、その参謀長であることが判明し、中隊長は、即時陳謝の上、両名を乗車せしめたものである。貴官は英軍首脳部に対し、中隊長の陳謝により、事は既に解決していることを諒解せしめよ」

私は熟考の上、更に我が参謀本部に対し、次のような意見を電報した。

「ノックス事件は、日、英両者間に、何等悪意の存在しなかったものである以上、これこそ談笑の間に、例えば、大井大将の司令部で茶話会を催し、ノックス少将と、その参謀長とを招き、その時遺憾の意を表することで、一切を解決することが、国家の威信と面目とに、強く固執する英人の特性に考え、適当と思為される」

珍田捨巳（国立国会図書館所蔵画像／共同通信イメージズ）

右に対し、折り返し参謀本部は、次のように指令して来た。

「英軍同様、日本軍もまた、威信と面目とを堅持することが必要である。一少尉の、悪意のない過失に対し、既に中隊長の陳謝により、一切は解決したものであり、これ以上何等の処置を必要としない。貴官は国軍の威信を害して迄、この上の陳謝を行うような、消極な考えを捨て、英陸軍省当局を説得し、事件を終らしめるよう努力せよ」

訓電というよりは叱責（しっせき）的のものだ。

英参謀本部の日本班長ヒル少佐は、数年間日本に留学し、大使館附武官もやったことがあり、夫妻ともに日本を理解し、好感をもって居（お）り、この人との交渉は、日本語でやれるので、大いにやり易かった。

それで、内心には、陳謝を必要と感じていながらも、私は、中央の訓電に従がい、中隊長の陳謝で、事件は、解決したものとするよう、英陸軍首脳部の諒解を得ることに協力してくれないかと懇請して見た。

「ノックス事件は、シベリヤと東京とでも、両軍当局間に交渉をくりかえしている。が、一向進捗を見ない。どうやら両国間の正式外交交渉に移されそうな模様だ。こんなたわいもない小事件を、日増しに大きな感情問題にしていることは、如何にも残念に思う。双方の首脳部が、お互いいきりたちはじめたので、もう日本班だけでは、どうにもならないものになっています」

当惑しきった顔色を浮べ、ヒル少佐は、こんなに語る。

珍田大使には、その都度連絡し、報告していたので、大使はよく事情を承知しており、一日も早く、日本軍部の陳謝で、解決することの有利さを、外務大臣宛に打電され、私もまた、更に二度ほど電報したが、その都度叱られるだけで、わが参謀本部の態度は、いよいよ強硬となり、遂に珍田大使と、英外務大臣カーゾン卿との間の談判に移された。

はなし合いは、一向に進捗せず、英国側の提出条件は、当所にくらべ強いものになって来た。

珍田大使からの電話で、その室を訪ねた。

「こんな取るに足らない小事件を、こじらせてしまい、残念のことです。きょうカーゾン卿から会見の申入れがありましてね。会ってみますと、

『珍田さん！　日、英両国同盟国間の、こんな小さい、何ら両国の利益に関係のない小事件が、このように両軍首脳部間の感情を、こじらせてしまおうとは、思っていませんでした。が、これ以上交渉を重ねますことは、いよいよ紛糾を大きくすると心配されますから、此の問題は、これで一切を打ち切り、各々独自の考えを実行することに致そうではありませんか。甚だ遺憾ではありますが、一つの国家が恥辱を与えられたと考えたときは、これと同程度の報復をいたすことは、国民感情上避けがたいこと

です。従って英国としては、目下ベルサイユで行われております、平和会議の然るべき機会に、右の報復を、日本側にいたすことになると、お考え置き下さい』

こんな趣旨のことを述べました。これは恥辱をしかえすという意味よりは『早くノックス事件を解決されないものですか』という外交的ゼュスチュアーです。私としては、やはり陳謝するのが至当の策と思いますので、これから外相あてに、解決を促す電報を打つつもりでおります」

私は、カーゾン卿の、針をかくしてる外交的言辞を、不愉快には感じたが、同時にこんなことにまでこんがらせてしまった、わが参謀本部の、大局をわきまえない「強がり」一点ばりの態度を遺憾に思い右珍田、カーゾン両者の会談要旨を電報の上、「間違って他人の足を踏んだときは、他意もなかった場合でも〝ご免なさい〟と陳謝するのが礼儀であり、こんな陳謝は、決してわが国の面目や、威信に関係するものではない」ことを附言した。

結局、わが陸軍大臣が、参謀総長と協議の上、大井大将をして、ノックス少将に対し、陳謝の意を述べしめ、T少尉を内地に帰還させ、事件の顚末を、東京の外字新聞に発表することにして、事件は解決した。

事件発生即座に、礼儀を尽していれば、大げさに経緯を、外字新聞に掲載する必要などなしにすんだものを、子供っぽい強がりで、幾倍もの手数をつくしての陳謝となってしまった。小火はぼやのうちにしまつしないと、手にあまる火事にしてしまうものだ。

（「ノックス事件」）

弱腰の対英屈従外交主義者

田舎の中学校を卒業して、それから陸士を受けようかどうかと迷った少年の頃から算えて十四年後、今村均は日本陸軍の軍人としてロンドン勤務となり、国際紛争とまではいかないが、ともかく国家間の事件の処理に携わるようになる。人の成長は早いものである。まだ地位は駐在武官代行なので意見を言う程度に止まり、水戸黄門的な活躍を展開したわけではないが、それでも国際問題の処理について自分なりの意見を持ち、それを参謀本部に対しても、また駐英大使に対しても表明しながら事に当たったことが書かれている。

恐らく、東京の参謀本部の中の議論では、今村大尉は弱腰の対英屈従外交主義者と言われたことだろう。そういう意見が優勢になりがちな参謀本部だと分からぬ今村均ではない。それでも彼は、弱腰的解決を妥当と認める旨を堂々と電報しつづけたということと、それが採用されなかった残念さが、この想い出話の内容である。

当時のイギリスは世界を支配していた。アメリカといえどもイギリスの動向を見定めた上でそれに追随するか、または多少修正要求を出すかどうかを議論したのであって、時々イギリスと違うことをしたらそれは大事件であり、それがそれほど悪い結果にならなかった場合、それは大快挙で関係者は大手柄という時代だった。別の言い方をすればイギリス中心時代が末期になって、アメリカとか日本とかの新興勢力が時々自分を主張するようになった頃のことである。イギリスは世界の至るところで特別扱いされるのに慣れているし、そうでないときは「私はイギリス人だよ」と言えば十分だと考えている。ユニオン・ジャックが葵の御紋である。

当然、世界の人々は内心シャクに障(さわ)っているが、日頃お世話になっている弱みもあるから行動には出せない。しかし、だんだんアメリカ・日本のように実力を備えてきた新興国家は、形式が対等なら待遇も対等で良いではないかと考えるようになる。こうした場合、日頃お世話になったり、ご指導を仰いだりしている面を重視するのは外務省で、新実力の発揮や部分的理非曲直(りひきょくちょく)の貫徹を主張するのは国内の陸軍とか逓信(ていしん)省、農林省、文部省とかになる。

なぜ今村補佐官は叱責されたのか

国家全体が非力で国際協調を主とするときは、外務省はもちろん駐在武官などの国際派の地位は高いが、国家が多少実力を備えて自立精神とナショナリズムを発揮する時代になると国内派の発言力が高まる。そういう時機にうっかり海外勤務になると、先方に非があって当方に理と実力がある場合は良いが、先方に理があるときに困る。国内では対外強硬派がだんだん勢力を得つつあるときにそれと敵対する結果になるからである。

この場合の参謀本部は、まだ日本にはたいした実力もないことを忘れ、また実力闘争に訴える決意もないままに対英強硬論を唱えて今村補佐官を叱責したわけで、イギリスが再び強く出てきたときは折れざるを得ないという失敗を犯してしまった。適正妥当な国際感覚を持つのはなかなかむつかしいものである。

それから、イギリスがベルサイユの平和会議に出席している日本代表にいずれ同程度の報復をするという通告も面白い話である。国家と国家の交際もまるで子ども同士のケンカである。こんな次元で外交が行なわれているから、田舎から東京へ出てきて以来わずか十四年目の若い軍人でも意見を持って参加できるとも言えるし（相手のイギリス人でもその点は同様に違いない）、その程度の次元の国際関係だから、つまらぬ戦争が度々あるのだと納得もできる。

以前、ニューヨーク郊外のある町長が、ソ連（当時）人が町営プールなどの福祉施設を外交特権によって無料で利用するのに腹を立てて利用禁止にしたら、ソ連はモスクワ郊外の河でのアメリカ人の水泳を禁止した話があるが、国際関係は昔も今もあまり変わらぬ次元のものらしい。

それから今村均は他の回想でも共通だが、問題を常に礼儀の次元で考えている点が注目される。礼儀の国際的普遍性が興味を引く。

第七話

小柳津少佐と少年給仕

（おやいづ）

大使館武官室の日常

イギリス駐在時代の回想録を続けよう。

第一次世界大戦間の、我が倫敦(ロンドン)大使館の繁忙さは、大変なものだった。その武官輔佐官の職にあった私は、昼食時の一時間を除き、午前九時から午後六時頃迄、東京の参謀本部との間の、暗号電報のやりとり、訪問者の応接、英陸軍省との交渉などで暇がなく、読書とか、東京に出す書面報告などは、しろうと下宿に帰ってからの、夜なべ仕事になっていた。

大使館の武官室には、田中国重(たなかくにしげ)少将（後の大将）と、輔佐官たる私の外に、もひとり、小柳津(おやいづ)（正蔵(しょうぞう)＝引用者注）少佐（後の中将）というのが、日々出務し、私と机を並べて仕事をしていた。

当時日本と英国とは、同盟関係を結んでおり、お互の間に、兵器の売買が行なわれ、そのほうの業務も、相当の分量だったため、特に砲兵将校の一人が増加され、小柳津少佐がこの兵器輔佐官に当てられていた。

小柳津少佐は、中々親切心に富み、自身いそがしい仕事を持ち乍ら、少し長文の暗号電報がやって来ると、「おい半分よこせ」といい、私の解読を助けてくれることが、しばしばだった。

　武官事務所に、ジョンという十二歳の少年給仕をやとっていた。一日何べんも来る電報配達の受取り、来訪者の受けつけ、事務所の掃除、お茶の時間の給仕などを仕事とし、週いくらの給料で、その家から通っていた。ロンドン市民の間には、とくに貧富の差等が甚だしく、小学校を終えたあと、上の学校に通えず、すぐアルバイトして、家計を助けたり、その得た金で、夜学に通ったりする少年は、相当に多く、ジョンもそのひとり、いかにも可愛い顔をしており、性質は温順のように見られ、本人も私たちには、したしんでいた。

　ある日の正午近く、やはりロンドンに派遣されている駐在武官のX少佐が、何かの用事で、武官事務室に訪ねて来た。

　私が用便しに室を出ると、入れちがいにジョンが、電報を受けとってはいって来た。小用をおえ、室に帰ると、又入れちがいにジョンが出て来た。顔をあかくし、そ
そくさとおち着きのない様子を見せ、私と視線が合うのを避けるようにしている。変だなと感じたが、何も聞くことはしなかった。

椅子にかけ机に向ったが、どうも室内の雰囲気が、前とは違って感じられ、小柳津、X両少佐は、お互不愉快そうな顔つきで、沈黙している。

さっきは、三人でいっしょに、日本人倶楽部に行き、日本食をやろうといっていたのに、X少佐はぶっきら棒に、「僕は帰る」といい、さっさと室を出ていった。

「小柳津さん！　何かあったのですか……」

「うん。僕は昂奮し過ぎちゃった……」

「ジョンも変な風に見えましたが、あれが何かしたのですか」

「ジョンもわるいが、Xだっていかん。が、僕は度を過してXに失敬してしまった」

「何もかくしておく必要はないでしょう。ジョンが悪いことをしたのなら、解雇するだけです」

「別にかくしてなんかないよ。ジョンがその電報を、君の机の上に持って来るとき、間違ってXの足を踏んだのだ。すぐあやまればよいのに、黙っていたので、Xがいきなりジョンの頬っぺたをはったのだ」

「そうですか。あれが顔をあかくし、あわてたかっこうをしていたのは、そのためでしたか。そんなことでXさんは、急に帰ってしまったのですか」

「いや、僕がかっとなって、Xを非難したので、口論になっちまった。『給仕をぶったって、なんでそんなに君は昂奮するんだ。だいたい君たちが、あれをあまり大事にしすぎるんで、日本人を甘くみてしまってる』『給仕の生意気より、あんな子供に手を下す方が、よっぽどいけないことだ』そういった僕の口調が強すぎたので、Xが腹を立ててしまった」

「そうでしたか。あとでX少佐に、〝いい過ぎた〟と申訳けすればいいでしょう。が、あなたがそんなに昂奮するほど、Xさんは、ジョンをひどくたたいたのですか」

「いや。Xだって、そんなむちゃはやらない。ジョンの反省を促すために、片手でそっとやったのだ。ほんとの気持は、やっぱりあれが可愛いから、冗談のつもりだったのさ。それだのに、僕は……その瞬間、目にうつったのは、ジョンではなく、僕自身の少年時代の顔だった」

「どうしてです……」

「僕のいうことを、ほかの人にいうなよ。僕はジョンと同じ年頃の時分、陸軍省の給仕をやっていた。……家庭の事情で、正式に中学にはいれず、親戚をたよって千葉から上京し、経理局の給仕をしながら、夜間中学に通っていた。十数人の将校に使われ、皆良い人だったのに、たったひとり短気者がいて、呼ばれたときの返事がおそかったとか、茶がぬるすぎるとか、文句をつけては、時々頰をはる。子供だったがくやしかった。〝いまに見ておれ。しかえしするぞ〟そう心に叫び、そんな日の夜学は、二倍以上気合がはいり、どうにか陸士の入学試験に合格した」

「そんなら、その将校は、間違ったことをしましたが、あなたの一生には善に作用したのですね」

「理窟はそうだ。が、少年の無邪気な心に、人を呪（のろ）う気分をつぎ込んだ仕打ちに対する憤慨は、今も消えないでいる……。その忿懣（ふんまん）が、不意にきょうXの上に爆発したのだ。たしかにさっきの僕の態度と口吻（こうふん）は、Xに対して無礼だった。いずれあやまって置こう……」

「そうでしたか。初めて承知したのですが、あなたにつらくあたった将校は、その後あなたが、陸士と砲工学校と、帝大の工学部を、いつも優等で出たのを見るたびに、きっと後悔しているでしょう。その人は今どうしています」

「予備役になってるが生きている。もうこんな話はやめよう。……不愉快な思出だから……」

こんな経歴の為でもあろう。小柳津少佐は下級者に対し、実におもいやりのある態度を示していた。身を持することが謙、頭脳はよく、往(ゆ)くとして可ならざるはなく、最後は造兵廠(しょう)長官（中将）で現役を去ったが、多くの部下から慕われていた。

（「給仕」）

小柳津少佐の派遣理由

第一次世界大戦が終わったとき、英米仏の政府は大量に発注した武器が終戦後も続々と完成してくるのでその始末にこまった。一方、日本は欧州の戦場には直接参加しなかったので戦費の負担はなく、それどころか大戦中は英米仏及びドイツの産業が軍需産業に転換してその輸出が一時停止した隙に乗じて、東南ア、南米その他に向けて二級の民需品をたくさん輸出して大いに稼いだので、経済は大発展を遂げていた。

さらに欧米では航空機、大砲、戦車、機関銃、軍艦その他の兵器が急速に発達したが、戦火の外にいた日本陸海軍の装備は依然として日露戦争当時のままだったので、日本軍は一挙に旧式の二流軍に成り下がってしまった。

これだけの事情がそろえば英米が日本に武器を売りこみ、また日本が武器を買いこむのは水が低いところへ流こむようなもので、ちょうど石油成金国のアラブへ英米仏の武器が大量に輸出されていたようなものだった。

その事務が大増加したので、小柳津少佐がロンドン大使館に増派されてきたというのがこの話の始まりである。このとき購入された武器及びそれをそっくりそのまま模倣して製作した大砲や機関銃は、そのまま日支事変や大東亜戦争にも使用された。今村均大尉も小柳津少佐もこのときから約二十年後には、その大砲や機関銃を馬に引かせたり人間がかついだりして、中国や南方の島で戦うことになる。

ワシントンのスミソニアン博物館に行くと、当時、日本軍が使用した武器が戦利品として陳列されているが、その説明を読むと我々の目には八九式とか、九二式と見えるものに、ビッカースの機関銃とか、シュナイダー・タイプの何々砲と書いてある。ビッカースはイギリス、シュナイダーはフランスで、それにタイプとつくのは、若干日本風の改造が施されているという意味である。日本のコロナやブルーバードが現地生産されて、生産国では各種の名称で呼ばれているが、何と呼ぼうと我々にはブルーバードはブルーバードとしか見えないようなものである。ブラジルはフォルクス・ワーゲンの現地生産車が市場を圧倒的に押さえているが、ブラジル人はそれを自国車だと思いこんでいるので、初めてドイツへ行ったブラジル人はブラジル車がドイツまで輸出されていると思って喜んだりする。分家の本家知らず、である。

山本七平（やまもとしちへい）氏の戦争手記にも九一式一〇センチ榴弾（りゅうだん）砲は欠陥兵器ではないか、と学徒出身の将校同士が室外に聞こえないようにヒソヒソと砲兵隊の中で話し合う場面が出てくるが、九一式榴弾砲はフランスのシュナイダー砲を輸入したもの三百門及びそれを国産化したもので、国産化に当たっては何の改良も施されなかったから、日本人の体格に合わず兵隊はたいへんな苦労をしたものである。この話の趣旨には関係ないことだが、そんなことが連想される。

少年も精一杯働いた時代

次に日本語で給仕、英語でボーイとは何かについても説明が必要かもしれない。進学率の低い昔は小学校を出ると男も女も働きに出たが、女子が会社や官庁で事務をする習慣はなかったので、お茶くみは少年の仕事だった。

大正九年（一九二〇）の教育統計を見ると小学校の卒業生数は一四四万人で、同年の旧制中学校入学者は四万八〇〇〇人、旧制高等女学校入学者は五万人である。

旧制中学校（男子のみ）と旧制女学校への進学者は約七パーセントに過ぎず、残りは高等小学校（高小）へ二年行って実業学校（三年間）に進むか、または高小へ三年行って師範学校（四年間）へ進むか、それともそのまま社会に出て就職するかした。

高等小学校に進むのは約四〇万人で、その男女別内訳は男二人に対し女一人だった。

結局、小学校卒業生一四四万人のうち約九〇万人はそのまま就職するわけで、教育を受けることがいかにぜいたくなものだったかが分る。大人も子どもも精一杯何かをして働かねば食ってゆけない時代だった。

また、女性の地位が低く、女性を会社で使うのは行員以外では電電公社（引用者注・現NTT）の電話交換手ぐらいだった。その点はヨーロッパも日本も変わらない。そこで、どの会社にも給仕かボーイがいてお茶くみ、掃除、書類の配達などをした。清書は書記の仕事で給仕にはできない高級な仕事だったから、読み書きを習いたいとの気持ちは切実だった。

そこでそうした少年が発奮して勉強する場合に通ったのが夜学で、神田周辺の各学校は昼夜二回授業をしたものである。中央大学は八王子に移転したが、以前は夜学の学生のため都心部から動くことはできないという議論が盛んだった。企業でも夜学の高卒や大学卒を高卒、大卒扱いに認めるか認めないか、でいろいろ議論があったものだが、その点、陸軍は陸軍士官学校の入試さえ合格すれば後は同じで、かつ陸軍士官学校の生徒は給料がもらえたから、もう生活の心配はなく勉強ができるようになるのだった。

そのように昔は十五、六歳の少年が自分一人で勉強の心配と生活の心配の両方をするのが普通であり、現在の学生のように、親から金をもらって自分は模試の偏差値だけ心配していれば良いのではなかった。

小柳津少佐がもしも生きていたら、現在は〝受験地獄〟どころか、〝受験天国〟だと言うに違いない。

名誉だったジョン少年の〝週給とり〟

なお、この文章の中でジョン少年は「週いくらの給料で、その家から通っていた」と書いてあるが、ここも比較的重要である。ヨーロッパでも日本でも同じだが、昔は月給制の人は非常に少なかった。〝月給とり〟というと今は卑下して使う場合が多く、その上に「しがない」がつくが、戦前はそうでなかった。

月給とりとは即ち、〝学校出〟でホワイトカラーで、役所か企業につとめ（当時は企業の数も少なかった。大正九年には四万二四八八社で、そのうち株式会社は二万五六八社だが、それが六十年後には一七四万社もあるからホワイトカラーには稀少性がなくなっている)、家には女中が一人はいると思われていた。

そこで、それ以外の人は週給制ということになるが、実はこれもまだ高級のほうで、大部分の人は日給制で働いていた。

つまり、人の信用は勤務に永続性があるかどうか、と賃銀を後ばらいにされてもそれまで待てる資力があるかどうか、及び一度に多額の給料をもらってもそれを浪費せずに、一週間か一カ月の間計画的に消費する生活ができるかどうか、にかかっており、それが日給か、週給か、月給かに現われていた。ジョン少年にとっては十二歳でも週給とりだというのは名誉だったと思われるし、傭い主の立場にある日本大使館の人も従業員を見るのに、この人は月給制か週給制か日給制か、で信用の程度を変えたであろうから、今村均の回想録にもこういう記述が思わず出てくるのである。

大正から昭和へかけての頃、名社長、名経営者と讃えられた人の伝記を読むと、工員を週給制にしたとか月給制にしたとかの記述が出てくる。現在の人が読むと当然のことに思えるが、当時はそれは大いに人を信用したことであり、待遇を改善したことになるのである。欧米では週給（もしくは二週に一回）が普通なので、日本の工場の生産性の高さやQC（品質管理）活動の盛んなことを見て驚くが、日本では全員が月給制の社員だと聞くと、それならそうか、といって納得するのである。

ちなみに、最高の地位にある社長、大臣、大将などの給料は年収で決められる。サラリーマンは年俸いくらと言われるようになるのが最高なのである。また日本の将校は年俸制だった。二十一歳の少尉でも年俸制だから、大したものである。ただし支給は毎月に分割した。

日常的事件を円満に解決する

さて、この話の中の今村均だが、この話の中では今村均は別に何もしていない。ただ単に小柳津少佐の話を聞いただけである。

だから、そんなことなら誰でもできると思うだろうが、これを実際に自分の会社生活の中に置きかえてみたら、なかなかそうでもないのであって、やる人とやらない人の差はそこらじゅう至るところにあることに気がついて欲しい。

まず、室内の雰囲気がどうもおかしいというとき、早速、その当事者に対して「小柳津さん！　何かあったのですか……」と今村均は聞いている。相手は自分より一階級上の人である。これはよほど人なつこくないとできない。自分の保身を第一に考える人なら、かかわりあいを避けて自分も目立たぬように帰ってしまうところである。

自分より一階級上の人が不機嫌でいるのに対して「何かあったのですか……」などと聞いて、もしも「お前なんか関係ない。ひっこんでろ」と言われてはヤバイことこの上ないではないか。

しかし、聞くには聞き方がある。遠くのシェルターから顔だけ出して聞くような聞き方をせず、思い切って至近距離に近よって身体と身体をぶつけるようにして聞けば、自分が単なるヤジ馬的興味で聞いているのではないことが相手に伝わる。人なつこいとは相手と自分の間に距離を置かない、ということである。それは一緒になって暮らす気持ちが動作や言語に現われている人のことであって、この場合は世間普通に言うように単にズウズウしいとか厚かましいとかの意味ではない。また、それは日頃の言動のすべてに現われていなければいけないし、事実、今村均の場合は現われていたに違いないから、新しく来た小柳津少佐はすぐに本当の理由を話す気になったと思われる。

その結果はどうかと言うと、小柳津少佐は気が楽になったことだろう。また、これからのロンドン勤務中、何かと今村大尉を頼るようにもなるだろう。この文章には書かれていないが、今村均は聞いた話を差し支(つか)えない範囲でX少佐に話して、両者が和解するように取りはからったに違いない。そうなればX少佐も今村大尉の存在を忘れない。そして、ロンドン大使館の陸軍武官室全体の雰囲気が良くなる。雰囲気良く仕事をすれば、仕事の成果も挙がって全員の成績も上がることだろう。

そのようにして今村大尉が配置されたところはいつも雰囲気が良いとなれば、彼には各所からトレードの申込みがくるようになる。各部が取り合いをすれば一番発言力の強いところが勝つのは当然だから、今村均は自然に主流のポストを歴任してゆくことになる。

自分が属する職場の雰囲気を良くして、全体及び自分の成績を上げたいとはサラリーマンなら誰でも思うことだが、それは朝の訓示や勤務評定のやり方などを工夫するだけでは駄目で、このように日常的な小事件のひとつひとつに首をつっこんで、円満解決を図ってゆくことが大事である。

また、人には誰でも暗い想い出や悲しい話、ひけ目に思っていることがあるが、それはそれを本当に理解してくれるだろうと思う人にしか言わないものである。それを話した小柳津少佐は、今村均なら給仕の気持ちを分かってくれるだろうと何となく感じたのに違いない。多分、その気持ちは正しくて、今村均は自分には給仕の経験はないが、十分にその気持ちを汲んだと思われる。その証拠は、回想録の中に当時の情景をまざまざと描いたこの一文があることによっても分かる。

第八話

上原勇作元帥（うえはらゆうさく）

老将軍との再会

ロンドンでの三年間を終え、今村均は帰国する。日本で彼を待っていたのは何であったか。回想録にもどる。

大正十年九月、三十五歳の秋。英国から帰朝し、すぐに歩兵連隊附を志願したが、許されず、参謀本部総務部第一課勤務の参謀職にあてられた。この課の主管業務は、陸軍の編制、装備、軍動員、国家総動員などであったが、参謀本部と陸軍省、それに教育総監部との交渉事項は、すべて此の課を通して、連絡することに規定されており、随分多忙ではあったが、陸軍全体の様子や動きを知ることには、大いに利便があった。満五年近くこの課に勤め、順次に二宮治重（後の中将、大臣）、古荘幹郎（後の大将）、小磯国昭（後の大将、首相）の三大佐を課長にいただき、この人々に導かれた。大正十二年三月、上原（勇作＝引用者注）元帥が、参謀総長の職を辞し、元帥として軍事参議官専任となると同時に、前年少佐に進級したばかりの私は、その元帥副官をも、兼職せしめられることになった。

元帥には二人の副官が附けられる。一人は事務副官であり、他は参謀の副官である。後者は主として陸軍々事に関する、現在及将来の計画、わが国軍の情勢等を元帥に報告し、その諮問に応じ、又元帥と陸軍三長官との、公的連絡のこともあった。

上原元帥は東京帝大の前身、大学南校を中途でやめ、陸軍士官学校にはいり、全校の首席で卒業。間もなく、仏蘭西(フランス)に留学の上、五年に亘り軍事を究め、その後も数度海外に行っており、列国軍状には、深い関心を寄せ、研究をつづけていた。ずっと中央の要職に当っており、直情径行、他がどう思うかなどを、顧慮(こりょ)することなしに所信を説く。自然、階級の進むに従い「雷おやじ」のあだながつき、周囲から煙たがられていた武人だ。碁、将棋その他殆(ほと)んど他の趣味道楽をもたない。唯一つたのしみであり、癖というほどになっていたものは、列国の軍事書を主とした、諸般に亘る読書であり、「読書がなければ上原もない」とは、自身もよく口にしていた。

上原勇作（国立国会図書館所蔵画像／共同通信イメージズ）

私がこの老将軍と初めて会談したのは、副官兼務になる二年前、英国から帰朝した直後であった。元帥の事務副官をしていた阿久津大尉が次のように私に告げた。

「あすの日曜、上原参謀総長は、鎌倉の別荘に行き、そこで君の駐英時に得た軍事につき、報告を聞くといっている。午前九時迄に行ってみて呉れ給え」

翌日いってみた。〝これが別荘か〟とおかしくなったほど、簡素な三部屋のバラック。八畳間の畳の上に、小テーブルと籐椅子二脚があり、その一つに私は腰かけさせられた。

「君が英国から、中央に送って来た、これらの駐在員報告は、皆読んでる」

テーブルの上に置いてある、右の報告書類を指さしながら、そのようにいう。

「このうちで、君の英軍隊附報告書は、とくに興味深く見た。が、腑におちんところが二、三ある。それを説明したまえ。第一は、英軍歩兵小隊六個分隊中、その三個だけが軽機関銃をもち、他は小銃だけの分隊にしてある。この点、仏軍とちがってる。フランスは、戦後全分隊に軽機をもたせることにしている。欧州西方戦場で、相ならんで戦闘した両国軍が、別々の編制にしている理由をききたい」

「それは全部を軽機分隊にいたしますと、歩兵の突撃力を減ずるためと思います」

「思いますというのは、君がそう思うという意味か」

「さようであります」

「そうじゃない。フランスとちがった編制にしている英軍は、いかなる理由で、そのようにしたかをきいているのだ」

「双方が、なぜ別々の編制にしているのか、両軍の主義をたしかめておりません」

「君は戦争中、又戦後に亘り、あちらにいたのだ。英仏軍についてた従軍武官とは、しばしば会っているだろう。あのような激戦を経験しなかった日本軍将来の歩兵隊編制を、どうすべきかに考え及んだなら、すぐこの点をきただして置くべきだった。それをたしかめなかったのは手落ちだ。疑問の第二点は、歩兵小隊の戦闘法で、〝軽機分隊〟は、成るべく小隊の翼方面に使用することになっている〟と、君の報告には見えている。その理由？」

「中央よりは、翼側の方が、火力の発揮に便利だからであります」

「軽機分隊中の小銃兵は尠い。それを翼の方に位置させれば、警備力不足のため、小隊全部の安全度を害する。この点をどう補っているか」

「小隊の第二線分隊を、翼の後方に位置させておけば、警備にそなえることが出来ます」

「それも君がここで気づいた常識的の答えだろう」

「さようであります」

　机の上に置いてある私の報告書――陸軍省が活字で印刷したもの――を手にして、図をひらき、

「君は第二線分隊を、翼のうしろに置くなどというが、この図に、君が書いたのを見ると、第二線分隊は、中央後に書かれている。これはどうか」

「小隊は多くの場合、他の小隊と相ならんで戦うことを通例とします。その場合を図示したものであります。翼の小隊となった場合は、中央後ではなく、第二線分隊は、翼の後方に近く置かれているように、演習では見ました」

「その答えも納得されない。昔の散兵戦闘ならともかく、疎開戦闘法になってからは、たとえ左右に他の小隊がおったとしても、戦闘地域が広くなっており、やはり翼は安全ではない。上原は英軍も軽機分隊の火力を中枢にし、その左右の小隊分隊の突撃力を進めるために、どちらにも使えるように、中央後にしているのかと思い、それを知りたかったのだ。近頃の駐在員の報告は、殆んど全部が、軍の運用とか、戦略と外交との関係とか、大きな問題ばかりを取扱かって書かれている。そのようなこと

は、大使館附武官の報告だけで十分だ。そうではない。連隊以下とくに直接敵とぶつかり合う中隊、小隊、分隊の指揮運用が、この世界大戦の経験で、どのように変わったかを研究することが、日本軍改善のために緊要なのだ。君の報告、とくに隊附のものは、こまかい実際を見て来ている。それで期待をかけてきいて見ると、やはり外面的のものだけであり、どうしてそうなっているかの理由をはっきりつかんでいない」

元帥は不機嫌そうに、そう語った。最後に私は「大戦の経験に鑑み、いかに英軍を改編すべきや」の英陸軍省の懸賞問題に対する一等及二等当選論文につき、やや長く説明し、鎌倉を辞去した。

私は、見習士官のとき、この将軍が、特命検閲使川村景明大将の高級属員として、仙台の連隊にやって来、私が、親のように敬慕していた、河内連隊長を叱責したのを目の前にし、公憤と私憤とを交えた気持ちで、この人を見つめたことがある。そのとき以来十四年、今度二度目に直接相語ってみると、私のいうことを聞くよりは、聞かせる方が主であり、しかも一向に言葉をかざらず、つけつけと責めよせる。老人というものは、どこかに寛容のところがあるものなのに、この人のどこにも、それが感じられなかった。

こんな気持ちで汽車に乗り、東京に戻った。が、唯一つ、この老将軍が、私の英国から中央に送った数報告を、全部読んでおり、出した本人が気づかんでいる図示の、小隊戦闘配備の内容迄を知っていることには、「なる程うわさ通り、よく読んでいるものだな」との、畏敬の念が心に浮んだ。

四、五日すると、帰朝後すぐ陸軍大学校の教官に任命された、本間雅晴大尉から次の電話があった。

「あさっての日曜、鎌倉の元帥の別荘で、〝在英間研究したことを報告しろ〟といわれた。前の日曜日には、君がいったそうだが、どんなことを聞かれたのだ」

「どんなことって、全部僕の報告を読んでおり、その中のこまかい点を、しつこく指摘し、〝どうしてそうなったか、その理由〟と来るんで困ってしまった。叱られたといおうか、逆に教えられたといおうか、二時間位かかった。君も報告の控えがあるなら、それを持って行くほうが、いいかも知れん」

そう答えておいた。

次の月曜日の昼食時、本間大尉がわざわざ参謀本部にいる私のところにやって来た。

「おい、きのうの日曜いって来たよ」

「どうだった。無事にすんだか」

「無事なんかであるものか。ひどい目にあわされた。おれの報告書の〝戦車隊運用〟に就いてのことだった。

『戦車隊が、塹壕の敵陣地帯突破の威力は、此の報告で大体わかった。が、その敵砲兵に対しての抵抗力、装甲のこの厚さが、はたして榴弾に対して十分か、とくに近くで炸裂したとき、戦車内の兵員が、振動でどんな衝撃を受けるか。その点はどうか』ときくのだ。あれは、英軍雑誌記事の要点を、報告したものだ。戦車に乗ったこともないおれに、わかる筈がない。

『その点は良く研究していません』

『此の報告の中には、君が西方戦場で、従軍武官として目撃した情況が書かれている。英軍は君を戦車隊にはつけなかったかも知れんが、英軍将校にただすなりして、戦車に対する敵砲兵の威力を、確めることは出来た筈だ。それをしなかったのか』

『その機会がありませんでした』

『さてさて残念なことをしたものだ。此の君の報告は、此の春東京についた。すぐ総務部長に〝本間は今年帰ることになっているようだが、どこに勤務させるつもりか〟

ときいてみると〝情報部に充てるつもりにしてある〟というのだ。それで〝その前に一時、陸大教官にして、戦車戦術を学生に教育したのち、情報部にとれ〟と指示しておいた。それだのに、一番大事な戦車隊の対砲兵行動の点が、よく研究されていない。ここに英軍戦車隊将校の著述の要点を、仏軍将校が翻訳したものが、このフランス軍雑誌にのっている。日本文に訳すよう、情報部長に命じておいた。もう出来てると思う。よくそれを参考として教えなけりゃいかん。わが陸大としては、はじめての戦車隊用法教育だから……』

まるでおれに、戦車用法を教える見幕だ。それはいいとして、つづいて次のように云う。

『三年間の駐在で、英国の最も良い点と感じたところ。最も悪いところと感じた点は、何だった』

『良い点は、紳士道といいましょうか、実に礼儀の正しいことです。悪いところと申せば、保守主義で、他国のことを学ぼうとしないことです』

『君は三年もおって、まるで逆に見ている。英国の紳士道という礼儀は、国内だけの話、国際間のことになると完全に非紳士的だ。目の前の香港をどうして手に入れたか。印度(インド)をどう統治しているか。敗将ナポレオンを、どう取りあつかったか。アフリカ土人（引用者注・原文のまま）をいかに奴隷として売捌(うりさば)いたか。君はそれでも英国民を紳士的だというのか。又英国の悪いところは保守だなんかいう。英国はそとに対しては、あのように、おおっぴらに不作法の利己主義を振舞いながら、国内では全英人の団結保持のため、大いに国粋と民族の優越性とを説いてやまない。この保守こそ、大英帝国を堅持している、唯一つのつよみといえる。しかも保守の内容を検討して見給え。英国のような進歩的の民族が、どこにある。蒸汽機関の発明、鉄道の建設、社会施設の改良、議会制度など、皆他国より、一歩も二歩もさきに進んでいる。現に将来列国軍が、そうなるであろう軍の機械化などでさえ、英国が先鞭(せんべん)をつけてるではないか。君はもう一ぺん、英国の歴史や、英民族の性格を研究しなおさなけりゃいかん』

散々のていたらくで鎌倉を退散した。折角(せっかく)の日曜日を棒に振り、何の事だ〝雷鳴りおやじめ〟と思った。がそのあとから〝だが、きょうはおれの敗(ま)けだ。どうだ、あのおやじの本を読んでることは〟のおどろきと、おれの報告を、本当によく見ていて呉れ、そして自身直接に、吾輩を陸大教官に指令していることなどで、〝やっぱりえらいおやじだ〟と、そう思った」

「そうか。僕も君と同じ結論で鎌倉から帰った。あの老将軍の頭の中には、国軍改善の一点張りで、他人の思惑などは、ちっとも意にしていない。僕は見習士官時代〝虫の好かないおやじだ〟との感情で、あの人を見たのだが、今の理性では、やっぱり〝えらいおやじ〟と思いかけてる」

そんなことを語り合った。

（『上原勇作元帥』）

「情報」に対する鈍感

今村均は大正十年（一九二一）にロンドン駐在を解かれて参謀本部部員となるが、この話はロンドン駐在中に書いた報告書を参謀総長がよく読んでいて、帰国後鋭い質問を浴びせられて大いに困ったが、その反面、自分の報告書を全部読んでいてくれたとは嬉しかった、という話である。

また、質問を浴びせられてみると自分の観察が杜撰で注意が徹底していない欠点が浮かび上がり、口惜しいが言われた通りだった、という話である。

第一次欧州大戦でドイツとイギリス・フランスは、近代工業力の粋を尽くした新兵器を次々と戦場に送り出して戦ったので、兵器の進歩に伴って戦術戦法はもちろん軍の編成や指揮命令の考え方までが大きく変化し、欧州大戦の局外にあった日本は陸軍も海軍も一挙に旧式の二流軍隊になってしまうのだが、それに追いつく努力もまた著（いちじる）しく不足していた。

それは眼前の脅威だったロシアが共産革命で混乱状態に陥り、東洋進出どころではなくなったこともあるし、また、第一次欧州大戦後は全世界的にもう戦争は当分あるまい、という平和一色の時代が到来したということもある。しかし、実際にはこのときから十年後には早くも満洲事変が始まるのであり、この大正時代の勉強不足――とくに機関銃、大砲、戦車、航空機、潜水艦などに関する認識不足と準備不足は、満洲事変から日支事変、大東亜戦争へかけて日本軍の大きな弱点となる。

そうした意味で、時代遅れの装備と作戦のため苦戦を強いられた日本国民は、日本軍の新兵器や新戦術に対するほとんど伝統的とも言える鈍感さと準備不足を今も不思議に思っているのだが、その理由の一端がここでも窺えるところが面白い。

情報収集の第一線に立つ責任者が、今村均でも本間雅晴でもこの程度にしか先進国を観察していないのであり、国内の青年将校たちにもその報告書を精読して互いに討論しようという気風がない。僅かに引退寸前の上原参謀総長ただ一人が勉強し、心配しているだけらしいが、海外派遣の今村均がその指揮を半分うるさがってきいているくらいだから、その後の山梨軍縮、宇垣軍縮とつづく日本陸軍の近代化が不徹底だったのも無理はない（この軍縮は人件費を圧縮して装備費にまわしたもの）。

昭和十二年（一九三七）以降の全面戦争で日本の若者は徴兵されて、手渡された兵器が、日露戦争当時の三八式小銃と第一次欧州大戦終了後に英仏からバーゲンで買った大砲や機関銃、それも思想が陳列品的で撃って撃って撃ちまくることは考えていなかったから弾薬は生産も不足なら備蓄も不足、したがって補給のシステムや補給用車輛の近代化も全然できていなかったという状態で戦闘させられた。そのためたいへん驚いたものである。その原因を当時の日本人は、日本は貧乏国だから仕方がないと考えたものだが、実は権力の中枢にいる人が長い間、職務に忠実でなく、もっと別のことに熱心だったからだということがこの話でもよく分かる。

不機嫌の原因

それはさておき、今村均はその後、元帥の副官になるのだから、このときの返答ぶりはそれでも上原元帥の気持ちに適(かな)っていたのだろう。つまり、あまり悪あがきをせず、元帥の質問の正しさを肯定して自分の今後を改めようとする姿勢があったかと思われる。それはこうして回想録を書くに当たり、上原元帥の質問を正確に記憶して再現していることでも分かる。たいていの人は自分が不利な目にあったことについては、その理由や事情を現場でもそう正確には認識しないものだし、ましてや記憶もしないから後日正確に再現はできないものである。

また、上原参謀総長は不機嫌そうだったとあるが、この原因のひとつには、今村均に対する期待の大きさもあるだろう。期待が大きい後輩にはかえって叱責が強くなるということもある。

今村均に対する期待がロンドン報告の内容的優秀さから発生したものだとしたら——多分それもあったはずである——より突っこんだ説明が当人から直接聞けなかった失望がその不機嫌の原因であるし、もしも今村均に対する期待が陸大首席卒業にあるとしたら、この程度の人間が首席で良いのか、という陸軍の教育のあり方全体に対する不満がその不機嫌の原因だったと思われる。日露戦争を死にもの狂いで戦ってようやく勝利を得た経験をもつ上原元帥の、国防に対する真剣さが現われている。

これに対して、今村均の上原元帥を観る目はやや私的であり、自分中心的である。陸大首席卒業のパリパリとして、多くの先輩からチヤホヤされることに馴れてしまったのではないか、という感想も湧かないではない。

それは昭和になってからの戦争で、日本陸軍は機関銃と戦車と大砲については子ども以下だった事実があるので、上原元帥のこのときの指摘の正しさと、それを聞いても動こうとしなかった陸軍中枢部の怠慢な空気が残念に思えるところから生じる感想である。

さて以上は、上原元帥の公的な部分を語ったものだが、元帥の私的な生活における心温まる、ちょっといい話を引用してこの章を終わりたい。

元帥は少年時代、宮崎県都城の、旧藩主、島津氏嗣子の指導役学友を依嘱され、明治二年十四歳のとき、共に鹿児島の造士館に学んだが、東京にでて勉強したい熱意に燃え、当時親兵隊に勤務していた実兄、竜岡資峻氏に次の趣旨の書状を送り、その配慮をねがった。

〝（前略）大都会に出でずしては、天下の事情は井蛙の如く、管を以て天をうかがう如く、何の時か目を覚し申すべきや、かく因循荏苒安閑とまかりい候ては、ひそかに痛恨切歯つかまつるところに御座候。古人曰く、大丈夫五鼎（註、熱食の器）に食わずんば、死しては五鼎に煮らるべし。これ壮士、平生の肝胆にこれ有るべく。非常の事にあって後、非常の功ありと申す古語もこれあり、尤の事に御座候。故郷にありて墳墓を守り、父母を養うなどという説は、理由なきにあらずと雖も、これ枝葉のみ。古論のみ。身を立て名をあげ、父母の名をあらわす、これ孝の大なるものなり。（中略）家もと貧なる事に御座候えば、学僕にても罷りおり、（中略）勉強さえ出来るならば、僕が大に好むところに御座候。大都会いかんぞ一身の学僕にてもまかりおる所なからんや。なにとぞ早目に御尽力御しょうせん歎願たてまつり候（後略）〃

　かように在京の兄に依頼してはみたが、なかなか思うように進まず、明治四年十六歳のとき、ひそかに都城を脱出して東京に走ろうとする。途中で捕えられはしたが、その志望の熱烈さを感心され、上京は許されたが、家庭よりの送金を仰ぎ得ず、薩摩出身野津道貫少佐（後の元帥）の家に書生となり、その庇護の下に、翌年大学南校に通学することが出来た。後に上原夫人となった女性は、上原少年十八歳の時にうまれ、よくこの少年より子守りをうけた。

　やがて陸軍士官学校に転じ、次いで五年間をフランスに過ごし歳三十になって帰朝した。颯爽たる青年士官に対し、まだほんの十二歳ぐらいの小娘だった人は、つきまとうようになったが、上原大尉次いで少佐は唯一向に軍事研究に専念し、家庭編成などは、全く念頭になかった。既に中将になっていた野津将軍の長女は、年を重ねるにしたがい、完全に恋のとりことなってしまった。旧薩藩出身の先輩たちは、上原氏が少年時代、書生として野津家より受けた恩顧をとなえあげ、三十六歳と十八歳の両人を、無理やりに結びあわせてしまい、少女の恋はかなえられたが、義理にからまれ、本意でない結婚をしてしまった勇作氏の心中は、いつも、何か割り切れないものを、感ぜずにはおらなかったらしく、二十歳近い年齢の相異から来る、趣味のちがいなどもあり、新らしく成った家庭は、二男三女を儲け、表面は円満に見えながら、武人上原は、いよいよ以て読書と軍事研究とに全心を傾け、主婦を慰める思いやりは、ほとんど示さなかったように、私には思われた。

しかるに夫人が病を得、その余命は、そう長くは保つまいとの医師の言は、元帥の心に落雷のような衝撃を与えたようだ。三十五年にわたり、唯々己れのみに捧げた異性の純なる恋と愛とが、はっきりと認識され、これに対し一度だって、反応を示さなかった冷酷さに、深重の懺悔を感じはじめ、七十を過ごした老将軍の心は、大きくいたみを覚えたらしい。

　大正十五年春、夫人が世を去った日の十日前、私は一ノ宮の別荘をおとずれた。元帥は例のもんぺ姿で、散歩に出かけており、家には見えなかった。

　看護婦が、

「今村さん！　上原の奥様が〝今朝はとても気分がよいし、元帥は今しがた散歩に出かけ、かえって都合がよろしい。ちょっとお話ししたいことがあります。病室においで願えないでしょうか〟と申しております」

　と伝えた。

「看護婦さん！　お会いするのはいいですが、話し合ったりして、病気をわるくしてはいけませんが、いいですか」

「ええ、さしつかえありますまい」

　そういう眼は、「もうそう長くはありません。何でも思うことを語らせるのが、残された唯一のお慰めでしょう」と、いわんばかりに私をみつめてうなずいた。それで病室にはいった。

「看護婦さん。あなた隣りの部屋にいってて頂戴な」

夫人はそういい、二人だけになった。

「きょうはたいへんご気分がよろしいそうで、結構です」

「ええ。どうしてでしょう。私は本当にうれしいのですよ。病気は重くなり、もう長くは生きのびられますまい。……けれど私のように恵まれてこの世を去るものは、そんなに多くはないでしょう……。あなたは、ほかの人よりは、ずっと長く上原についていて下さっていますが、あの人をどうお思いです。どうか本当のお感じをおっしゃって下さいな……」

「陸軍の多くの人は、元帥の本当の心を見得ないで〝かみなりおやじ〟とだけ申しています。私もはじめはそう思っていました。が、もう今日では、すっかり元帥の心の中がわかっております。山の高いところでは、雷鳴をならしていますが、麓には、いつも作物に良い雨を降らせているようなのが、元帥です」

「まあ、あなたは良く見て下さっている。私は物心ついて以来、こんな立派な男性はないと、心の底から信じ、又愛しました。私にも、それこそたびたびかみなりは落ちました。……ですが、私がたてないとなってからの、あの人の親切、ひたむきに私を愛している気持……。私が若い時に観た見込みは、少しもくるってはいませんでした。

愛した人から、こんなにも愛されて、この世を去る私のよろこび。こんなことを、子供どもには申されませんが、あなたには、きいていただきたかったのです」

夫人はよろこびに、痩せた頬を紅くし、何ともいえぬうれしさにまなざしをうるませながら、かように語る。

「奥さんのおよろこびは、本当によくわかります。なぜなら、前にこわいと思った元帥が、今は私の父親ででもあるかのように、なつかしく感じられていますから……生きておれば、私の父も元帥と同年です。もう元帥もかえって来ましょう。失礼します」

私は病室を出た。

その後十日たち、夫人はみまかった。十二の時からいだいた純な初恋の思いを、そのましっかりと胸にだきしめ、満ち足りたよろこびの笑みを顔に、五十三歳で、この世の生涯を閉じてしまった。


（「上原夫人」）

第九話　思想犯とされた兵

陸軍刑務所へ面会に行く

時代は大正から昭和に移る。今村均は昭和五年（一九三〇）八月、大佐に昇進。以下の回想録は、その二年後に千葉県佐倉の歩兵第五十七連隊長となってからの出来事を記したものである。

連隊長の職について前任小松原（道太郎＝引用者注）大佐から引継ぎを受けた後、更に隊内の事情を詳知するため、大、中隊長に順番にその部下の状態を報告させることにした。中畑中隊長（後の大佐、大東亜戦で戦死）の報告の時、

「中隊の定員は欠けてはいませんが、一人だけXというのがここにおらず、陸軍刑務所に拘禁されております」

「どのような罪で」

「兵営にはいってからのものではなく、徴兵制、何かの雑誌に『馬』とかいう一文を寄稿し、その中の〝天皇〟〝皇太子〟等の文字に敬称の〝陛下〟〝殿下〟を附けずにあったのを、東京の憲兵隊に発見され起訴された結果であります」

「その兵はどんな性質だった？」

「初年兵中、首位で上等兵になれる者でありました」

「どんな経歴の兵だったろう」

「父親は、千葉県では有名な教育家であり、奏任の小学校長にもなっていた人のひとり息子。千葉師範在学中いつも首位を占め、級長にあてられており、何かのことで生徒の学校に対するストライキが発生したとき、その責任をとらせられ退学になった者ですが、中隊での言動には何ら思想上のことなどを口にしたことはなく、確かに立派な兵でありました」

「入営前のこと、勿論よいことではないが、敬称をつけなかったことでどう裁判されたのだろう」

「軍法会議で禁錮二年に処分されました。Xの父親は世間に申訳ないといって教職をやめ、田園に退き、謹慎しております」

「ともかくも私の部下の一人となった以上、いずれ上京の機会に面会しておこうとは思う。中隊では時々見舞って慰めでもしてやっているかな」

「僅かではありますが、往復の汽車賃、電車賃等支出の途がありませんので、見舞ってはおりません」

「手紙などは」

「戦友が出しているかもしれませんが、中隊としては出しておりません」

「今月からは時折、中隊長自身又は中隊長が指定した将校、下士官又は兵を見舞いにやり、時折は手紙などで慰めることにしてくれ。必要の経費は連隊本部の方から中隊の申出通り支給する」

そう指示しておいた。

二ケ月ほどのち、師団司令部で団下全部隊長会議が催され、それに出席した私は会議終了の帰途、渋谷区代々木(よよぎ)練兵場の一隅に建てられている陸軍刑務所を訪ねてみた。そう大きなものではないが高い煉瓦(れんが)塀でかこまれ、黒い大きな門とびらのとざされている一画は、いかにも陰惨のものに見られた。守衛の看守に名刺を通じて所長に面会を求めたところ、やがて六畳間ほどの応接間に通された。

「私は今度佐倉の連隊長にあてられました。ここにご厄介になっているX二等兵も部下になったひとりです。お互いに顔を知り合っておきたいと思いやって来ました。支障がなければ面会をお許し下さい」

「面会することはさしつかえありません。しかしここだけの話ですが、Xはすっかり気がひねくれており、看守でも所長でも上の人には絶対に口をききません。それを承知の上でお会い下さい」

「気がひねくれていると申すのは、罪にされたことをいきどおっているのですか」

「口をききませんからよくはわかりませんが、〝己れのやったこと（雑誌に投稿した文章）がこんな重い罪にあたるとはどうしても思えん〟と、あきらめきれんでいるらしいのです」

　所長の案内で罪人との面会室にはいった。来訪者は一段高い床の上に立ち、囚人は木柵を隔てた一段ひくい床の上に立たせられ、そのうしろに控えている看守が「敬礼」と号令をかけたので、Xは私に室内の敬礼をした。私は答礼ののち、

「X二等兵、私は今度お前の連隊長になった今村という者だ。お互いに直系の上官部下の間柄になったので会いに来たが、何かいっておくことがあればきかせたまえ」

　こう言葉をかけたが、はたして何の返事もしない。

「Xは、上の者とは口をききたくなくなったとのことだが、話をしたくなければしないでもいい。これからは中隊から時々誰かが面会に来る筈だ。何か希望があったら、そのときにいうがよい。ここにいてはほかに気をまぎらすものはなかろう。読みたい

本でもあれば、それもいうがよろしい。取り敢えず一、二冊を刑務所にお届けし、Xの室にいれるようにお願いしておく。見たところではからだはよさそうだし、あと一年余りだ。健康には注意したまえ」

　こんなことを私一人だけが口にし、彼はただ石のようにつっ立ったままでおり、又看守の号令で敬礼した。答礼の後、私は前の応接室にかえり、所長に次のように依頼した。

「お話のようにすっかり世をすねているようです。佐倉の方から送る本は、よく注意して良いものを選びますから、読書の便はどうかご配慮願います」

　連隊に帰って来て、家にある倉田百三氏の著書二冊を送った。

　私の一年四ケ月の連隊長在職中Xを刑務所に訪ねたのはこれが始めてであり、又終りでもあったが、中隊長の話では、中隊よりの面会者とはよく話をし、本や雑誌なども注文するようになったとのことである。

　私が習志野学校の職員に転じ、佐倉町内の借家から千葉市郊外の一借家に転宅すると間もなく、Xから次の趣旨の手紙を受けとった。

「私は一ケ月前渋谷の陸軍刑務所を出て中隊に帰りました。償勤兵（前科兵）でありますのでどんなにか蔑視されるだろうと予期していましたのに、中隊長殿以下幹部は勿論、私と同年入営した兵は兵役を終えて除隊し、今居る兵は皆後輩でありますが、これらの人々が私を気の毒がりなに隔(へだ)てなくいたわって下さるには何ともいえぬ感激を覚え、別の世界に生れかわったのかと思う程心はあたためられております。やっぱりあなたが連隊長さんかと思って帰隊しましたらもう他におかわりになったと知り、いつか機会を得ましたなら日曜日千葉にお訪ねしたいと思っております。非常におくれてからの礼状で申訳ありませんが、第一回のご送本、倉田先生の『出家とその弟子』『絶対生活』の二書は、たしかに私のものの考え方に大きな影響を与えましたことを申上げ、御礼といたします」

更に幾日かたち、X償勤兵が中隊長の許可を受けて千葉の私の家に見え、いろいろと中隊内の生活を話し、何か大きい意義のあるくらしをしているように思っているとか、中隊長以下の彼にそそぐ同情と愛とに感謝していることなどが語られた。幾度かの中畑中隊長の手紙で、Xの知能、体力、とくに純な気力から、何をやっても第一位であり、年が今の兵より二年上である関係もあって兵の多くは彼を範とし、教えを請(こ)うていることなどもわかっていたので、そのはればれしている顔を好ましく眺めた。

翌々年私は将官に進級し、京城（引用者注・現在のソウル）の歩兵旅団長に任命された。長男は七年制高等学校に在学しているので親戚に託し、一家を挙げて朝鮮に移った。次男は中学にはいる年頃になっており、夜分になると直接受験勉強を見てやっていたが、どこか東京の中学に入れたいと思い、年が明けた二月、長男のはいっている成蹊高等学校と九段にある東京市立第一中学校の双方に入学志願書を差し出させた。後者は陸軍の偕行社、軍人会館とくに靖国神社に近く、よくこれを目にしていたのと、そこの配属将校の話で学校の事情を好ましく聞き知っていたからである。すると折返し、東京市内に住むXという人から長文の手紙を受けとった。私の知っているX君の父親であれば千葉県下に在住の筈、その名を失念していたので「誰だろう」といぶかりながら封を開いた。次のような文面である。

「私はXの父親です。足かけ四年閉門して世を離れておりましたが、お蔭様であれも無事兵役をすませ、東京に出て小資本の写真印刷業をはじめております。それに私の多年の知己である東京市立第一中学校長四宮先生から『出て来て学校事務を担任してくれないか』との懇請を受け、昨年からそれに従事しております。しかるに本年の入学願書千通以上を丹念に整理しておりますと、今村という名の少年が願書を出しており、その父兄欄にあなたの名が見えるではありませんか。人間のめぐり合せというものは不可思議のものです。四年前には、あなたが佐倉の連隊長になられたご縁でせがれめが御世話様になり、今度は私が中学の事務を扱う職に当ったために、ご子息とご縁が生ずるかも知れない関係になりました。心から合格なさるよう祈られてなりません」

過去四、五年の試験問題（公表されたもの）の印刷物を添え、親切な心くばりをしてくれた。次男は幸いに両校の入試に合格したが、右のような次第から市立一中の方に入学せしめた。

その後の私は、満州に勤め、又は支那戦線に赴いたりし、在東京の仕事は僅かであったが、次男はX氏の御庇護もあり、そのお蔭で無事同校を卒業させてもらった。

私が満州の関東軍司令部の職務から歩兵学校に、ついで陸軍省に転職して間もない一日、X君が私の家に見えた。

「写真印刷の方に大きな趣味を持つようになり、少し大きくこの仕事に乗りだしたいと思っております。父は家に属する一切の財産を挙げて私を援助するとは申しておりますが、年老いた両親の心をわずらわすことは好みません。どこでもよろしく、そのような事に関心をもつ出版業者の傘下にはいり、やってみたいと思っておりますがお心当りはありますまいか」

「私には何の心当りもない。が、君も承知しているかも知れん。今、文壇で名を成している山中峰太郎(やまなかみねたろう)君は私と同時に陸士に学んだことがあり、後文壇に転じたが、ずっと懇親をつづけている。あの人に相談してみよう。幸いこの土曜日に偕行社で同期生会があり、いつも欠かさずそれには出てくるから、会えると思う」

「両親はしきりに結婚をすすめます。まだ社会的にひとり立ちも出来ないでそんなことはと気が進まんでおります」

「ひとり息子のことであり、ご両親がそうおっしゃるのは自然でしょう。人間は家庭を編成し、子を持って初めて純な愛にめざめ、又本当の社会人、国民となれるのじゃないかと私は思っている。現にこの私はへんな考えで結婚を引きのばしたが結局それは間違いであり、自分はともかく相手の前の妻に大きな不幸を与えてしまった。早く適当な人を探して家庭を結ばれるほうがよいでしょう」

などとも話し、その日はそれで別れた。

二、三日して山中氏に会い、何もかくさずX君の一切をぶちまけて頼んで見た。

「そんな純な男、そして逆流におさおさした不幸の人には力を貸したい。本人を僕の家によこしてはくれまいか。よく話し合ってみたいが」

本人に文通して山中氏に会わせてみたところ、いっぺんに人物を見ぬかれ、その仲介で、東京では指おりの出版会社にはいることになり、仕事に精出し、大きな信用を得るようになったことは幸いであった。

思想犯人と謂われ、刑務所につながれているXにはある種の同情が寄せられ、その所属中隊長とその取扱い方を打合せてから数ケ月ののち、中隊教練の検閲が終って帰営した数日後、連隊副官が一枚の紙を持って来た。

「横浜裁判所の検事から連隊長にあて、初年兵Yを取調べる必要がある。明後日の午前十時、裁判所に出頭させよと指示して来ました」

「そうか、何のことだろう。中隊長に、連隊長室に来るよういい給え」

しばらくして中畑中隊長がやって来た。

「君の中隊の初年兵Yはどんな兵だろう」

「特異のところがあり、よく調べてあります」

「特異というのは何か具合のわるいところがあるのだろうか」

「全く反対です。中隊の良兵であり、今上等兵候補者の首位になっております。東京府立中学を卒業前に退校しておりますが、いい頭をもっており、実科は勿論第一、性質もごくよろしく、父親は予備役陸軍軍医中佐の博士、東京で開業しており、その兄二名も医科大学を出て三番目の兄は目下千葉医大の三年生になっておるはずです」

「そうかね。そんな家庭の人がどうして裁判所などによばれるのか。召喚状が来ているので、あさって横浜の裁判所にやらなけりゃならん。君のところのXは、今刑務所につながれている。又君のところの兵のことだ。君はYをよくしらべ、何か心当りがあるかどうかをよくたしかめ、その結果を報告したまえ」

中畑中隊長はかえっていった。何かしらべが込み入っているとみえ、午食時にも顔を見せず、午後一時半頃、やって来た。顔をこわばらせている。

「どうだった。わかったかい」

「わかりました。共産党員のひとりになっていたものです」

「そうか、思想的なものだったのか」

「あれの兄は皆優秀者でありますが、Yのすぐ上の兄で一高にはいっておりますのはたいした秀才で、Yは兄四人中、この兄を心から尊敬していたそうです。それがある日、赤化思想についての調査の名目で本郷の警察にひっぱられて行きました。あれはひどく心配し、中学にも行かず、毎日警察署に日参しては兄との面会を嘆願したとのことです。あるとき警官の一人が、Yに、

『お前の兄はとても剛情者だ。絶対に口を割らん。お前はあれとは仲よしとの事だから、〝兄さん、本当のことをいえばすぐ家に帰してやるといっています。どうか調べを手間どらせず、きかれたことには答えて下さい〟というなら、会わせてやる。どうか』

といわれ、その気になって会って見て一目でYは泣き伏してしまったそうです。毎日の拷問ですっかりやせ細り、あちこちぶたれたあとがはれあがっており、Yはもうなにもいえなくなってただ『兄さん』と号叫したただけで室を出てしまったそうです。

この日以来、彼の頭を支配したものは官憲に対する復讐のただ一事になり、その兄の本箱から共産主義の本をあさってはよみ、進んで共産党に加盟しました。自然もう家にもよりつかずに横浜細胞の一人となり日雇いの姿をし、幹部の命令でアジビラをまきちらしたり電信柱にはりつけたりしていたそうです。が、次第に共産党の内幕がわかり、その内部の腐敗、残虐性、とくにYの家とその親戚の富に目をつけた幹部どもに金の引出しを指令され、〝共産党の力で官憲に復讐しよう〟と思いこんだ情熱がうす

らいでしまい、逆に理性がめざめてとうとう細胞から逃げ出し、彼らの私的懲罰からのがれるため、千葉県のある親戚つづきの寺にかくまってもらっていた者だそうです。『入営の日、〝これで一切共産党からぬけきることが出来よう〟と大きな希望で連隊にはいってまいりましたのに、きっと細胞の者たちが報復懲戒のために私を裁判所に密告したものでしょう。避けられない私の宿命であります。軍隊で生まれかわろうと思っておりましたのに……』

と、涙を浮べました。何とか助けられないものでしょうか」

暗然としてこう述べる。

「助かる途は唯一つ。一切を少しもかくさず、検事に述べることだ。絶対に罪科を逃れようとしてはならない……。このことを君は兵の父親の代りだからよくいいきかせたまえ。ちょっとでも罪からのがれようといいかげんのことをいうたが最後、もうたすからない。いよいよの裁判になったなら、君も弁護に立つべきだ。私も立とう。それから明後日の朝は班長とYが最も親しんでいる兵を附きそわせてやり、中隊長の人物証明書をもその班長にもたせてやり給え」

かように指示した。

翌々日早朝、班長と戦友とに附きそわれて兵営を出たYは夕刻帰隊し、待ち兼ねていた中隊長に一切を報告したとかで、中隊長は夜分私の家にやって来た。

「どうやら、無事にすみそうです」

うれしそうにしている。そしてYの申したことを次のように私に語った。

「検事は先ず身分上のことをくわしく聞いたのち、火のようにYを調べたそうです。

『横浜細胞の共産党員○○の所在は君が知っている筈だとのことを通信して来たものがある。君は○○を知っているか』

『はい、知っております』

『○○の行方は随分前から探していた。今何処にいる』

『はい、ここに居ります』

『横浜にかい。ここのどこにかくれている』

『いいえ、ここに居ります。Yがその○○であります』

『心をおちつけ、間違いのない答をするのだ。どうしてYが○○なのだ』

『共産党員は入党いたしますと同時に党内でつかう別名を作り、本名はつかわんことに定められております』

『すると君は共産党員なのか』

『はい。一度はそうでありました』

『今はどうなのだ』

『一昨年、横浜細胞から逃げだして千葉県の親戚つづきの寺にかくまわれ、入営の日までそこにおりました』

『どうして共産党に加入し、なぜそれから逃げだしたのかいい給え』

Yははっきり、そのいきさつを述べたそうです。すると、

『ではきくが、横浜ドックの同盟罷業（ひぎょう）（引用者注・ストライキのこと）のとき、横浜市の各電柱にアジビラを貼りつけたのは○○であるとの訴えがある。その○○は君だったのか』

『はいさようであります。細胞長の指令で私がそれをやりました』

『今その事を君はどう思っている』

『その時はアジビラを貼ることを犯罪とは思っておりませんでした。けれどもそれが犯罪でありますなら、処刑に服し、その後軍隊の方をやります』

『そうなったら君は困るだろう』

『私は、軍人になったこの機に一切を清算して日本国民になる覚悟でおりましたが、国家に対して犯しました罪は、それに服さなければなりません』

『よしわかった。君の口にした一切のことは皆本当のことと信じられる。ご苦労だった。もう二度とここに喚(よ)ばれることはあるまい。よく軍隊のことをやり給え』

そういわれたそうで、本人も安心しております」

「検事も人間だから人の誠はよくわかるものだろう。第二のXを作らんでよかった」

中隊長と共に相よろこんだものである。


（「思想犯といわれた兵」）

今村均、左遷さる

今村均が佐倉の歩兵第五十七連隊長になるまでの足どりと時代の流れをたどっておこう。彼は大正十一年（一九二二）、三十五歳で少佐になり、翌々年は前章に出た上原勇作というわが国工兵隊の父と呼ばれる元帥の副官を務める。

ついで昭和二年（一九二七）には印度駐在武官となるが、その単身赴任中にまだ若い妻を失う。また、マラリアにかかったこともあって印度駐在は半年で終わって再び元の古巣の陸軍省軍務局に戻り、昭和五年（一九三〇）には徴募（ちょうぼ）課長となる。年齢は早くも四十三歳である。この間、第一次大戦後しばし安定していた世界情勢は再び不穏の一途をたどり、世界経済も大恐慌に襲われる。失業者が増加して、欧米の町には今にも共産革命が起きるのではないかの空気が漂い、日本でもそれに反撥して天皇を中心とする国家主義がだんだんに高まってくる。

そうした状勢の中で、今村均は昭和六年（一九三一）八月、参謀本部の作戦課長となる。年齢は四十四歳である。これは要職中の要職で、単に陸軍内の要職というよりは日本国全体の要職だった。その頃はまだそれほどでもないが、その後、戦時色が強まると参謀本部の一作戦課長が勝算ありと言うかどうかで日本は対華、対仏印、対米英蘭、対ソの外交はもちろん、軍事的解決のやり方も変わったのだった。もちろん、ポストの力以外に個人的力量や性格も影響するから常にそうだったわけではないが、陸軍参謀本部の数人が日本の国運を左右する決定にいつも大きな影響力をあたえたのは事実で、その結果は大きな不幸だった。

今村均がその作戦課長に就任したのが八月で、その翌月九月に満洲事変が起こる。関東軍参謀石原莞爾（いしはらかんじ）中佐に引きずられた関東軍の自作自演劇で統制逸脱行為だが、その後、陸軍内ではこれは起死回生のホームランと評価され、関係者は処罰されるどころか逆に要路に重く用いられるようになる。統制派に近い今村均は在任僅か半年で作戦課長の職を解かれて翌年二月に参謀本部付となり、ついで四月には千葉県佐倉の歩兵第五十七連隊長として東京から離れる。

皇道派と呼ばれる新勢力が、統制派に代わって陸軍の中枢に勢力を伸ばし、「昭和維新」

1936年撮影。この年、今村均は関東軍参謀副長となる（毎日新聞社）

「財閥排撃」「東亜新秩序の建設」等々、種々なかけ声の下で日本は天皇中心国家色を強め、英米からの外交的経済的な圧迫に抗して自分自身の勢力圏を中国に拡大しようとし始める。陸軍はこうした時代の流れの中で先頭を切ったが、その中でもその実現手段としてクーデターも辞せずとしたのが皇道派と呼ばれる一派だった。

皇道派は昭和十一年（一九三六）の二・二六事件と呼ばれるクーデターの失敗で鎮圧され、要路から退けられるに至るが、クーデターに訴えるかどうか、という手段の選択に差はあっても現状にあきたらないとする陸軍の気持ちは統制派も同じなので、二・二六事件後も陸軍の革新的な動きというか勢力拡張というか、ともかく日本全体を右傾化、ファッショ化、軍国化させようとする動きはますますそのテンポを早めていった。

また、国民もそうした陸軍の動きに対してなかなか強い支持をあたえた。その理由としては、国民の過半を占める農民の生活があまりにも貧窮であるのに対し、他方、都市に住む華族、官僚、インテリ、商工業者等の生活がかけ離れて裕福だったことが挙げられる。現在では想像もできないような所得格差があり、それが人格的な格差にもなっていた。たとえば、農民の娘の多くは都市の官僚や商工業者の家庭に女中として奉公に出たが、そこでの貞操はあまり保護されているとは言えなかった。金縛りである。

家庭の貧窮を背負った兵隊たち

『今村均大将回想録』にもこんな話が出てくる。彼が陸大を目指して見習士官室で夜おそくまでせっせと勉強していると、下士官の一人で日頃から勉強好きの男が、多人数同居の下士官室では窮屈だから、一緒に見習士官室で勉強させてくれと言ってくる。今村均は喜んで二人仲良く勉強し、種々教えてもやるが、あるとき仙台の色街へ巡視に出たとき彼をそこで発見し、すっかり不潔な男と思ってお互いに気まずくなってしまう。

しかし、あとで真相を知ってみると、色街では彼の妹が父親の前借金返済のために働いており、彼は時々慰めに行っていたことが分かる。彼はやがて軍隊をやめて仕事につき、再び借金して妹を請け出し、二人で誰知る人もない外地へ渡って事業を始め成功したらしい、という話である。

また、正月に軍隊で食事に出された僅か数個のモチを見て「ああ、これを母に食べさせたい」と思うと、夢遊病者のようになってそれを懐（ふところ）に脱営し十数キロメートルの山路を走って自宅に帰り、母に天皇陛下がこれを下さったと言ってともに喜んだのは良いが、それは軍隊内の規則では脱営罪で彼は生涯、前科者の扱いを受けるようになったという気の毒な兵隊の話も出てくる。

当時の兵隊は誰しもそれぞれに出身家庭の貧窮さを背負っており、それを表には出さないで頑張っていた。また、それを指揮する小隊長や中隊長も出身家庭や自分の現在の家庭事情は紙一重の差だったから、そうした社会体制や所得格差を先に是正しないことにはそんな国家のために喜んで死ぬわけにはいかないし、死なせる命令を出す気にもなれないと考えるのは無理からぬことだった。

他の軍人の回想録にも兵隊の貧窮に同情する話は多い。演習で田畑を突っ切っての突撃命令を出すと、兵隊は作物を傷めないように気を遣いながら走る。前方から機関銃射撃を受けて地面に伏せるときも、麦や豆の一本一本をかばいながら場所を選んで伏せる。みんな農民の子だから植える人、作る人の苦労が身にしみて踏みつけにはできないのである。陸軍では演習終了後、計理将校が田畑を廻って被害状況を調べ補償金を出すのだが、そんなことには関係ない農民の本能がそこにある。

だから当時は、社会改革に熱心な人がいたるところから出現した。悲惨な現実が身近にあるからである。左翼のマルキストも右翼の天皇主義者もシンボルに戴くものが違うだけで、その動機や目指すものにはあまり差がなかったように思える。

当時、多くの日本の青年を〝アカ〟に走らせた書物の中にロシアのクロポトキンによる

『相互扶助論』があるが、伏字だらけの中にこんな一節がある。「ある一人の令嬢が白魚のような美しい指をしているためには、他に同年輩の少女が何人も掃除・洗濯などでマックロに汚れて骨太になった手をしていなければいけないとすれば、その白魚の手の美しさはこの世に存在してはいけない美しさである」と。

これは誰にとっても身近な現実だったから人の心を打った。クロポトキンが説く『相互扶助論』や無政府主義の内容や理論構成などにあまり関係なく、多くの青年はこの数行に感じて社会改革に身を投じた。また、故意にそのような黒い手の女性との結婚をえらんだ青年もいる。

争って国粋主義者となった時代

今は電気洗濯機や使い捨ての用品が普及したので、ほとんどすべての女性が白魚のような手でいられる。むしろ逆にテニスか何かで骨太になった手のほうが自慢になる。僅か五十年ほどでこんな大変化が技術革新や高度成長の力で実現するとは、恐らくクロポトキンも地下で感慨無量なことだろう。

解説が少し長くなったが、ともかくこれはそうした時代の出来事である。天皇に対する不敬罪が当時どんな社会的意味を持っていたか、ということを分かっていただくための解説である。

現在になって考えると何をもって不敬とするかの適用は常軌を逸していたし、Xのみならず当時の国民も多くはそう思っていた。だが、世界情勢不穏の折柄、日本人は何かを中心に団結すべきであって、その軸には天皇が一番だとも思っていた。そしてソ連やアメリカから伝来する思想は、多分、謀略か宣伝であり、それに傾倒するのはやがては国家への裏切りや利敵行為につながるのではないかという用心もあった。そこへ陸軍がその豊富な機密費を投じて火をつけた国民運動による国粋主義が高まってくる。そこで人々は、身の安全のため争って国粋主義者ぶるようになる。そして、反国粋的な現象や人物を探し出して、逸早くそれを弾劾攻撃することで自分が国粋的で体制的であることの証明にしようとした。

そういう付和雷同的国粋主義の時代が始まろうとしていたのがこの時期で、そういう時期にあえて人々から伝染病のように思われ忌避されている思想犯や共産党員と交際を持つなどは、普通の人には到底できないことだった。

もちろん、次のような観方もできる。今村均は日本陸軍の中枢中の中枢人物だから——

あるいはそれに予定されている人物の一人だから、たとえ反体制的な人物に温かくしても、直ちにそのシンパであるとか感染者であるとかの疑いを持たれる心配はないし、仮に疑いを持たれても最高の権力者に対していつでも面会して弁明できる立場にある。だからこんなこともできるのであって、普通の人と一緒にはできない——と。

それはそうかもしれない。しかし、陸軍大学校の軍刀組の人はみんなこのように行動したかというと、そんなことはないだろう。そんなことをしてもあらぬ疑いをかけられたり、噂をたてられたりして損する確率のほうが高いからである。もしもその理由をどこかで弁明させてもらえるなら、「部下の兵隊の面倒をみるのは当然である」とか、「天皇の兵隊を一人でもグレさせず、更生させるのは隊長の任務である」ということだし、事実、今村均はその線で行動しているのだが、人の噂はどこへ発展するか分からないから、やはりよほどの信念がなくてはこれはできないことである。

それは会社のサラリーマン勤務に話を移し替えてみれば分かる。部下の誰かが事故か失敗か、あるいは社長に対して失礼の行為があったとかで、退社か異動になったとき、進んでその送別会を開いてやったり自宅に招いたりする課長や部長が何人いるか、ということである。

英知と信念と信頼と

それからもうひとつ、我々にとって大きな教訓になるのはYに対して「助かる途は唯一つ。一切を少しもかくさず、検事に述べることだ。絶対に罪科を逃れようとしてはならない……」と教えるところである。たしかにそれは検事の心証を良くする途だが、もしも検事が今村均のように大局的立場に立つ人ではなく、点数かせぎの人であればかえって助からない。その心配に対し今村均はすぐに続けてこう話している。「いよいよの裁判になったら、君も弁護に立つべきだ。私も立とう」と。今度は判事を信じようというわけで、そのときは自分も出頭して、Yを処罰することは国家の利益ではない旨を力説しようと言うのである。

我々庶民は、それでも有罪だったら何にもならないではないか、今村連隊長は判事に命令する権限はないのだから、結局助からない。それなら少しでも小細工して自白は初めから少なくしたほうがよい、と考えるところだが、この点についてはどう考えるべきだろうか。今村均の回想録は、もしも裁判でも有罪だった場合のことまでは書いていないが、私が勝手にその先を続けさせていただくと、今村均は恐らくそのときはYに対していさぎよく男らしく服罪することをすすめ、そして出所後は就職を世話したり、その身元保証人になってあげたりしたのではないかと思う。

今村均はX、Yに対しても中隊長に対しても、それから検事にも判事にも性善説で臨んでいる。また、相手は理性的で賢明なのだ、という前提に立っている。そして、Yは不起訴か無罪になるべきで、もしもそうならないとしたらそれを実現させるためには、自分も行動を惜しまないという信念を素早く確立している。

つまり、まず第一段階で英知がある。事件の性質を直ちに把握し、その正しい着地点を見通す頭脳である。それができない隊長は往々にして狼狽(ろうばい)し、保身のためかかわりあいを避けて逃げ、部下の信頼を失うのである。

第二段階では信念がある。Yは不起訴になるだろうという推測と不起訴になるべきだという判断のどちらにも自信があるので、それが素早い行動にむすびつく。行動力の不足は多くの場合、展望力の不足に原因しており、たいていの人は展望力のある参謀か指揮官がつくと、見違えるような行動力を発揮するようになる。今村均はそれが一人二役であり、彼の行動力の基礎にはどんな問題でも日頃から考慮が尽くされているので、咄嗟の判断に迷いがないというところも見落してはならない。

そして第三には、性善説と人間の理性への信頼がある。それが相手を動かしてそうさせるのである。Ｙが検事の立場と職務能力を絶対に信頼してみせたので、検事も責任を自覚し、正しい検事はどうあるべきかを行動に移したものと思われる。

性善説で行動すると相手も多少はそうなるし、性悪説で行動すると相手もそうなるのが人の世である。

今村均が第五十七連隊長の職から離れ、陸軍習志野学校の幹事になって後、Ｘ二等兵からきた手紙で「中隊長以下が私によくして下さいます」とあるが、連隊長が離任してもその命がよく守られたことに、私は今村均の感化力と中隊長以下兵隊の一人一人に至るまで、人間の性は善であることを感じる。

第十話　大激戦

中国軍の反撃に苦しんだ日本軍

時間は少し飛ぶが今村均は昭和十三年(一九三八)三月、五十二歳で陸軍中将に進み、十一月には第五師団長に就任する(83ページの師団表参照)。

そのとき、日本が保有する師団は、近衛師団以下全部で二十八個師団で、そのうちの一つを任されたのである。

広島の師団である。広島で編成された師団は明治二十一年(一八八八)にこの第五師団があり、その後昭和十四年(一九三九)に全国で十一個師団の大増設があって、広島では、第三十九師団、昭和十七年(一九四二)に第七十師団、昭和十八年(一九四三)に第六十四師団が編成されている。昭和二十年(一九四五)に入っては第百二十五師団、第百四十五師団、第百五十四師団、第百六十師団、第二百五師団、第二百二十四師団、第二百三十一師団と一挙に七つの師団が編成されているが、これは粗製乱造も極まれりで、師団とは名ばかりのものだった。

武器弾薬も不足で、師団長以下隊長や参謀もそうそう立派な人材が間に合うはずはなく、兵隊も周辺の都市や農村から若者どころか中年の男を根こそぎ徴兵したものだった。終戦時には百九十四個師団もあったのだから粗製乱造ぶりが分かる。しかし、それは戦争末期の話で、今村均が師団長に就任したころの第五師団は戦力も充実し、士気も高かった。

　第五師団の総兵力は二万五千人、馬は八千頭、昭和十四年十一月、南中国の南寧攻略作戦に出動してこれを占領したが、附近の村落では近く中国軍が大反撃作戦で奪回にくるという噂が流れていた。しかし、今村師団長はそれを軽視した。

　そのころ、日本陸軍は一部の参謀の超強気な言動にひきずられ、うっかり深入りした支那事変で中国軍の頑強な抵抗にあって戦力を消耗し、装備の近代化にまわすべき予算を中国大陸の駐兵費に食われていたばかりか、昭和十四年末の陸海軍の動員兵力一四六万人は国家経済の運営にも支障をあたえ、戦費を負担する日本経済そのものを破壊しつつあった。日本のGNP（現在の指標はGDP）はこの年からマイナス成長になり、軍需品の生産だけが増加をつづけていた。

　ちょうど景気刺戟のためと称して赤字国債による無用の財政支出を増大させると、国家の資源や労働力が非経済的な分野に集中偏在して、日本経済全体の生産性がやがて低下に転ずるという現在と同じことが行なわれていた。違うのはその目的で、当時は日本帝国の武威発揚、現在は地域開発や福祉の充実だが、こうした抽象的な目標は行き過ぎになりやすく、一度行き過ぎればそれに関連する一部業界の景気は良くなるが、全体の経済基盤は破壊される。この点は今も昔もまったく同じである。一部の秀才官僚がその行為を美化して推進し、御用学者がそれを礼讃するという風景も変わっていない。

さて、昭和十四年十二月、蔣介石（しょうかいせき）はそうした日本の状況を見て一大反撃を決意し、中国軍は日本軍に対し各地で大攻勢に出たが、武漢（ぶかん）周辺と南部の南寧方面でとくに激烈な戦闘が展開された。

日本軍は中国軍にそれだけの余力と戦意があるとは思っていなかったので、不意をつかれて苦戦に陥ったが、所在の各兵団は勇戦力闘、積極的に反撃して昭和十五年（一九四〇）一月下旬には漸く（ようやく）中国軍の反撃を制圧できた。

今村均は自軍の前面に中国軍の大軍が出現した理由を専ら（もっぱら）南寧の重要性のためと解釈しているが、蔣介石のほうは国家総力戦的な見地から日本軍の進攻は限度にきたと見て総反撃を決意したのであって、それが分からなかった日本の将軍たちは着眼点がやや低かった。幸い制圧には成功したが、しかし、そのとき、日本の中国派遣軍の総兵力は三十四個師団に達しており、日本本土に残っているのは僅かに近衛師団ぐらいだったから、日本も苦しかった。決して、日本はアメリカには負けたが中国には楽に連戦連勝した、と言えるような状況ではない。

軍人生活三十三年目——初の実戦の場に臨む

さて、今村均は軍人生活三十三年目に初めて実戦の場に臨んだ。その矢先の大苦戦である。兵力にして約十倍の中国軍が南寧を包囲して、蔣介石の特別な督励の下に今までにはない旺盛な戦意で攻撃を繰りかえしてくる。

このときの状況は回想録そのものを読んでいただければ詳しいのだが、ここではその中から、野砲兵連隊長との話を中心に紹介させていただく。

私の師団には、上陸以前から、玉置（温和＝引用者注）参謀長と同期生の陸大出、中井（増太郎＝引用者注）大佐が参謀兼特務機関長として配属されていた。この人は五年前、白崇禧、李宗任、両将軍の軍事顧問兼将校教育教官として、南寧に聘せられ、一年半以上滞留し、此の方面の事情には通じていた。その在南寧当時雇傭していた、附近農村の一人のところに人をやり、会いにこないかと申し入れたところ、もう敵対関係になっているにもかかわらず、南寧攻略後約二週間頃やって来て、次のようなことを申

したとのこと。

「私の村（南寧より真北十里程の武鳴平野）附近一帯では、蔣直系軍約十万が、近くこの平野に前進して来ると評判され、皆が大いそぎで、財物を山手にはこび、はこべないものは、家の床下などにかくすことに大童、支那兵にとられないためです」

十万もの蔣軍が、武鳴平野に出て来るためには、北方と東方のひどい山地帯を通過してこなければならず、補給上そんなことはやれるものではない、と考え、私はそう大きな顧慮を払わずにいた。……これは実に大きな過失だった……。

私は南寧を棄て、東北方に敗退した敵を、三木歩兵連隊（浜田の歩兵第二十一連隊）に追撃させ、その第一線を、南寧東北方約五十粁の九塘附近に留め、主力はその手前の八塘部落に集結させ、及川（源七＝引用者注）少将をして、歩兵十一連隊を率いて十二月十一日南寧を出発、仏印国境の竜州に向かわしめた。そこには、仏印からはいった莫大の軍需品が、集結されているとの情報が、あったからである。

南寧附近には、中村旅団の大部（一連隊欠）と、納見歩兵連隊の二個大隊とが位置し、その一大隊は南寧北方約二十粁の要害、大高峯と呼ばれる山地に派出されていた。

欽県の海岸から、南寧に通ずる自動車道の修理は、天気工合がよく、予定以上の進捗を見せ、十二月七、八日頃には、輜重兵連隊の自動車二中隊が糧秣（引用者注・兵の食糧と軍馬の飼料）をつみ、南寧に到着し、野砲兵連隊（四個大隊砲四十八門）もまた、十二月二十日頃には、到着を予期されるに到った。

十二月九日、九塘の第一線大隊長から急電があった。

「敵は本早朝より、約一万の兵力をもってわれに対して攻撃を開始せり」

第一線は約八百名に過ぎず、そのすぐ後方、約五粁の八塘には、三木（吉之助＝引用者注）大佐の率いる約二千の兵員がいるものの、この一万の敵に痛撃を与えておくべきであると考え、中村少尉に部下の歩兵一大隊を率い、自動車行軍で、九塘に前進、敵を攻撃すべきことを命令した。

中村政雄少将は、金沢市の出身、陸大を優良の成績で卒え、仏国駐在大使館附武官をもやったことがあり、人物高潔、沈勇の士である。九日午前、九塘に着き、三木連隊と、他の歩兵一大隊とで、敵の側背を攻撃したため、蔣直系一万の敵は、算をみだして退却した。旅団長は、九塘守備大隊に、陣地構築の指示を与え、三木連隊主力には、同じく八塘附近の各山頂を、堅固に占領すべき指示を与え、ひきいていった大隊を、七塘に留め、自身は私の指令で、十一日夕南寧に引きかえした。

しかるに、四日後の十五日になり、再び九塘占領の歩兵大隊長から、次のように無電してきた。

「本払暁(ふつぎょう)来、大隊は約三万の敵の包囲攻撃に対抗し、連隊命令に依(よ)り、本夜暗を利用し、背後の敵を突破の上、八塘の連隊主力に合致せんとす」

私は再び、阪田(さかた)連隊の約二千を、中村少将にひきいさせ、右三万の敵に対する攻撃を命じた。午後三時頃、自動車で南寧を出発した中村少将の部隊は、夕刻、次の無電報告をいたした。

「約一万の敵は五塘を占領し、我が前進を阻止しあり、旅団は夜襲を以(もっ)て前面の敵を突破し、八塘に進出の上、旅団主力を合し、敵の主力を攻撃せんとす」

五塘というのは、南寧の東北方約二十五粁、自動車道に沿う一部落、八塘とは、約十五粁を距(へだ)てている。

私は完全に、中村少将の決意に同意した。同旅団六歩兵大隊中、四個大隊は、八塘七塘の間で交戦中であり、五塘の敵にひっかかっていては、八塘方面が危急になるかも知れないからである。

十六日午前九時、第五師団将兵一同に対する御沙汰拝受の儀式をおえ、司令部に帰ると、旅団副官柳屋少佐からの電報がついていた。

「中村旅団長は、五塘と七塘の両敵を突破の上、本払暁、阪田歩兵連隊と共に、八塘附近に進出し、三木連隊との連絡を確保し得たるも、敵機関銃弾により、腹部に重傷を受け、目下八塘部落内に於て、敵砲弾下に治療中なり。外科手術所要の薬品欠乏す、至急飛行機よりの投下により、供給ありたし、八塘周辺の敵兵力は、五万を下らざるも、両歩兵連隊は、旅団長の進出により、志気大いに振いあり」

そこで直ちに、手術に必要な薬品材料を飛行機に托し、その投下は成功したが、午後、中村少将は、八塘で散華してしまった。

武将が、その部下全員と共に戦い、その戦場で戦死することは、之れこそ恵まれた武運といわなければならない。しかし武将は、自己一身の生死を考えるよりは、その部下幾百、千、万の武運を、護り通さなければならない大きな責任を負っている。だから中村少将は、約十倍の敵包囲下に、死闘を繰り返している六千の部下の運命を案じ乍ら、逝ったに相違ない。「貴官の部下は又、私の部下だ。これからは、二人分をつくして、彼等の運命を看護る」と、英霊に誓い、阪田大佐をして、歩兵第四十二連隊長の職と共に、中村少将に代り、旅団長の職をも兼ねしめることにした。

その翌十七日、南寧のま北、二十粁の山地稜線を守備している、納見連隊の歩兵一大隊、約千名に対し、約一万の敵が武鳴方面から南下し、攻撃を開始したとの電報に接し、正午頃、納見（敏郎＝引用者注）大佐が司令部の私の室に見えた。

「私の部下三大隊は、一大隊が大高峯山脈の守備、一大隊が南寧―欽県間の自動車路の警備、一大隊がこの南寧に居るわけです。万一北方の山系を突破されますと、もう南寧迄の間には、拠るべき要線がありません。つきましては、師団の総予備として、ここに居ります私の部下一大隊のうち、二個中隊を残し、私は大隊長と二中隊とを率い、第一線大隊を支援し、きっと撃破いたします。南寧防衛の任は、輜重兵連隊長にご命じ願います」

何等の昂奮も誇張もなく、平静の態度で、かように具申する。

「よし。そうしよう。二中隊だけではどうかな。いるなら三中隊、いや全部をつれて行き給え」

「南寧の戦闘兵種を、皆無には出来ません。半大隊でやり通せます」

こう断言して辞し去った。

納見大佐の率いる福山地方の健男子等は、万般の準備を整え、日没後自動車で第一線大隊の守備している、山系の麓迄前進し、そこで下車の上、月明を利用し、遠く東方の山中にはいり、更に北進、次いで西進、武鳴に通ずる大街道上、正に一万数千の敵の真うしろに進出し、そこに歩兵砲四門を展開の上、山系守備中の大隊と策応し、払暁一時間ぐらい前の、暗い時、はさみ撃ちにせめかけると、敵は大狼狽を極め、いたるところで同士打ちの乱射乱撃をはじめ、やがて北方武鳴に向け潰走し、本道附近の敵は、我が歩兵砲に射ちすくめられ、その附近だけで、約六百の死体を遺棄している。

妙なもので、武鳴方面に進出した、総計四、五万の敵軍は、この日は戦闘以来、頗る消極になり、全作戦を終る迄の五十日間、約千三百の我が山系守備大隊を、再び攻撃することは、しなくなった。南寧戦をやり通し得た大きな原因の一つは、この納見部隊の奮戦である。

納見大佐は、仔細に山系を偵察し、守備配置を改修の上、堅固な築城を実施させ、夜襲に任じた二中隊を、守備大隊に増加の上、自身は南寧にかえり、更に南寧防衛設備を指導して廻った。

十二月二十日、竜州に進入し、約一万缶に近いガソリン、その他を手に入れた及川少将の部隊に対し、私は電報を以て「南寧周辺の敵は、総計十五万を算す。師団長は、及川旅団の南寧帰還を待ち、八塘方面、敵軍主力を攻撃し、一挙に之を撃破する決心なり。よって貴部隊は、鹵獲軍需品を焼却の上、速に南寧に復帰せよ」と命じた。

竜州―南寧間は、二百五十粁ぐらいではあるが、自動車の通ずるところは、南寧より約五十粁に過ぎず、その先は、敵が沿道部落民に強要し、急遽大破壊を行なわしめたので、行軍速度は大いに制限され、及川旅団は、二十一日、一日がかりでガソリンを主体とする、軍需諸品に点火し、二十二日復帰の途にはついたが、二十八日以前の到着は、むずかしかろうと思われた。

十二月十六日以来の敵兵力の急増、中村旅団長の戦死などから、私は情勢の重大を感想し、及川旅団の到着迄の処置を種々に考案していると、在欽県の台湾混成旅団長塩田定市少将からの、次の無電に接した。

『予は、南寧方面の戦況にかんがみ、部下の林義秀連隊（二大隊約二千名）を貴地に急派することに決し、明早朝、自動車を以て前進せしむ。正午過ぎ到着し得べし』

私はほっとした。折返し謝電を欽県に発した。後になり、塩田少将の厚意は、陛下の御沙汰書拝受の為、南寧に派遣されていた、旅団参謀世良田少佐が、当方面の急迫を電報した為とのことを聞いた。

はたして翌十七日午後二時頃、林連隊長は、二大隊をひっさげ南寧に到着し、同大佐は、私の室にはいって来た。

「唯今到着いたしました。私以下総員約二千、途中二度、敵の妨碍を排除する必要があり、いくらかおくれました」

「や、御苦労でした。今夜はここに一泊し、明朝から行動を始め、八塘の阪田旅団を攻撃中の敵左翼を、席捲するよう攻撃されたい」

地図上に彼我の態勢を明記の上、かように指示した。彼は地図をながめ乍ら、熟慮していたが、

「連隊は、自動車行軍でやってまいり、将兵の疲労は少く、とくに今夜は月明でありましょう。夜間行動で、敵に近づくほうが、有利と存じます。ついては夕食時まで大休憩の上、直に東進したいと思います。その方面の地形を知ってる者に、案内していただければ幸いです」

結局そうすることになり、日没後、六塘迄自動車で前進し、そこから七塘の南側を廻り、敵の左翼方面に進出を企図した。しかるに、約一万の敵が、既に七塘南側附近一帯に進出していたので、夜中激戦がはじまり、それより先への前進は、つづけられないことになってしまった。

林義秀大佐は、右戦況を私のところと、その本属の塩田少将とに電報したため、この旅団長は、いよいよ南寧方面の危急を案じたものと見え、十八日夜、又次の無電をよこした。

『貴師団の勇戦を感謝す。予は更に、渡辺連隊（二大隊）を、十九日早朝、自動車により前進せしむ』

実に大きく感動させられた。日に日に兵力を増強する蔣介石総司令の意図は、もう明瞭である。外国からの一切の軍需品を、仰ぎ得ないようになる、支那全軍の困惑と、米、英、仏の示唆などから、どうしても南寧を奪回し、日本軍を広西省から駆逐し、再び輸送大自動車道を、利用しようとするものに相違ない。が、台湾混成旅団は、安藤軍司令官の直属部下であり、私の師団とは、同格の友軍に過ぎない。又敵兵増強の傾向から見て、海岸の要地、兵站基地である欽県に対し、いつ敵が攻撃して来るかも知れない現状に於て、全部下六大隊中の四大隊を、しかも二人の歩兵連隊長迄を、私のところによこし、己れはたった二個歩兵大隊で、兵站基地を確保しようとしている。

戦場に於て、多くの部下の身命をあずかる指揮官が、命令によるものでなしに、自発的に友軍救援のため、己れと部下とを、危地に投じようとする義侠の行為は、なかなかなし得るものではない。

日露戦争の奉天(ほうてん)会戦中、川村景明大将の率いる鴨緑江軍が、優勢な露軍の攻撃を受け、軍司令部が包囲され、危急に陥った際、軍司令官は、近くに戦っている前田旅団長に、「いくらでもまわし得る兵力があれば、派遣せよ」との命令を発した。旅団は既に数倍の敵の攻撃を受け、苦戦をつづけ、僅か歩兵二中隊をもっていたにすぎなかったにもかかわらず、前田少将は、

「そうか、軍司令部が危くなったのか」

つぶやきながら、予備隊長を身辺に呼び、

「ここに一小隊を残し、あとの全部をひきい、軍司令部の位置に急行し、その安全を確保せよ」

と命令した。これにより軍司令部は危機を脱し得たが、前田少将は衆敵に対し、勇戦散華している。

この前田少将の処置は、戦場の美談として伝えられている。が、この場合は、直属上官の危機であり、又命令によったものである。しかるに塩田少将は、単なる隣接友軍に対し、何等の命令又は私の願望によったものでもないのに、右様な大英断を行なった。私の師団が、爾後五十日近い大激戦に耐え得た最大の原因は、塩田少将の恩恵といわなければならない。

十二月下旬にはいると、敵の三、四個師団約三万が、南寧―欽県間の自動車道（十二月上旬補修完成）の両側地域にあふれ出し、道路の再破壊や、各要点警備の守備部隊を攻撃するようになった。もはや歩兵部隊を、兵站線防備にあてる余裕はなくなり、徳沢軍鉞大佐を長とする、輜重兵連隊の将兵を、警備に当てるより仕方がなく、それが日夜交戦しながら、道路をも修理しなければならず、糧食弾薬の補充は、日に日に不如意の度を増して来た。

でも尚、師団の作戦を、強く力ずけて呉れたのは、塩田旅団の増援のほか、敵のこわした南寧飛行場が、補修されるとすぐに飛来した、石川愛大佐の指揮する、飛行連隊（三中隊計二十四機）と、南寧市の西、南両側を流れる、隅田川ぐらいの河川を利用しての、海軍水上飛行機の、空中からの協力であった。

一日水上機の一つが、師団司令部をめがけ、通信筒を投下した。

『南寧の南、約四十粁の、兵站線小部落の日本軍は、優勢な敵の包囲下に、土壁を利用し、石を投げて応戦中、至急弾薬補充の要あらん』

こう記されてある。早速に飛行機に弾薬箱を積み込み、空中からの補充で、僅か三、四十名の兵力に過ぎない部隊が、千余の敵を撃退した。

十二月二十八日の夕、阪田旅団長代理から、次の無電がとどいた。

『台湾旅団二個連隊の増援により、戦況やや緩和しありたるところ、当面の敵は、既に十師団約十万を越え、本払暁より総攻撃を開始せり。旅団の戦線は、明払暁迄は、保持し得べし』

即ち明日は〝運を天に任せ、出撃を決行するよりほか、万策尽く〟との意である。

私はすぐ次の訓電を発した。

『前電せし如く、師団長は二、三日後、南寧に復帰する及川旅団の主力を指揮し、貴旅団を包囲しある敵軍主力の背後に迂回の上攻撃し、一挙に敵を撃破する決意なり。貴官は朝鮮蔚山(ウルサン)に於ける、加藤清正(かとうきよまさ)軍の範にのつとり、堅忍不抜、苦難に耐え、自暴自棄的出撃、乃至(ないし)は退却を、行うことなく、師団攻撃の挺軸たるべし』

南寧で入手した精米は、十二月中旬食い尽くし、その後自動車により、欽県から運んだ食糧は、辛うじて、その日その日を過(すご)すに足り、余分の蓄えは出来ず、ことに二十日以後、敵の兵站線遮断により、補充輸送は中断され、第一線将兵は、山地に植えられてある、タピオカ芋を掘り、之を口にしているに過ぎない。三百八十年ぐらい前の、うる山防禦戦は、島のような半島で、敵は陸地の一方に陣し、清正公自身、部下の餓えを見るに忍びず、——後には変更したが——一時は、和平提議（即ち降服）を、敵側に申し出ている。前後左右を、取りまかれている阪田旅団長代理の気持は、わからないことはない。が、苦戦時の将帥の大禁物は、消極の同情心である。私は、心を鬼にし、叱責の意を含めた訓電を、発せざるを得なかった。

真夜中過ぎ、阪田旅団長代理から左の返電があった。

『訓電に接し、闘志更に燃ゆ。旅団は一兵の存する限り、現陣地に於て奮戦し、断じてご期待に副わんことを覚悟す。御安心を請う』

　翌二十九日午前になると、又次のように報じて来た。

『いかなる理由か、昨日総攻撃を開始せる敵は、夜間もその攻撃を持続せるにかかわらず、本朝以来、頗る緩慢となり、旅団全体の戦局は、やや逼迫を減ぜり』

　私はすぐに返電した。

『敵の攻撃緩慢となりたるは、貴旅団健闘のためなり。この上とも、将兵を激励すべし』

　これは数日後に知ったことだが、二十八日右旅団内の三木歩兵連隊長は、その副官に対し、

「最早や連隊の運命は、最後の段階にはいった。自分は、自決して罪を謝さなければならん。万一にも、軍旗を敵手に渡すようなことがあっては、これこそ何とも申訳がない。唯今から、軍旗をご焼却申す準備をせよ」

　かように指示し、その処置をしているところに、本部附の田中実中尉（後の少佐）が、第一線と連絡して帰来した。この中尉は、京都の武徳会主宰の武道専門学校を卒業している、剣道五段、柔道三段の武道者である。軍旗焼却準備を目にし、

「連隊長殿！ ガソリンさえ準備して置けば、軍旗をお焼き申すことは、一秒間で出来ます。こんなに多い敵、斬りまくれば、随分沢山斃せる。その後で、敵と刺しちがえての戦死です。第一線の将兵は、三重四重に取りかこまれながら、幾日も食わんで敵と戦っているのです」

こう大きく叫ぶと、多年、幼年学校で、将校生徒を訓育して来た、精神家の三木大佐は大声で、

「田中！ ほんとにそうだった。さ、これから又合戦だ！」

軍刀をひっさげ、第一線に進出し、部下を鼓舞して、むらがる敵を撃退している。三木連隊は最前線の九塘、八塘で、もう三週間も闘いつづけ、二百名ぐらいの各中隊は、損害のため、平均六十名ぐらいにへり、且つ最も飢えている。数日後山県連隊と交代せしめ、三木連隊を師団予備として第二線にさげ、隊勢の整理をさせた。同大佐は、二十八日のときのことを、率直に私に告白し、

「見ぐるしい最後を、とげんですみましたのは、一に田中実中尉の一喝でありました」

と、述懐した。南寧作戦中の三木連隊の健闘は、特筆すべきものの一つだった。

田中実中尉は、後、私が教育総監部の本部長にかわったとき、陸軍省の人事局は、

私に何の打合せもなく、彼を私の専属副官に任命した。その発令を目にし、「田中実といえば、第五師団の三木連隊にいた人じゃないか。誰が、あの人を総監部に推薦したのかね」

こう総監部の庶務課長にたずねて見た。

「あの勇敢さが、あれを推薦したものでしょう」

それが答であった。が、私の想像では、多年、総監部系統の学校に奉職していた三木大佐が、知人を介して推挙したものかと思う。爾後、彼は私といっしょに、爪哇(ジャワ)作戦までやるようになった。

昭和十五年の正月元旦、師団司令部の将兵一同、約百五十名は、建物の前庭広場に集合の上、東方三千粁を隔てている祖国のかた、千代田の森あたりと思われる空を仰ぎ、遙拝の上、〝君が代〟を合唱し、陛下の万歳を三唱した。私は、一同に対し、次のような新年の言葉を述べた。

「司令部の将兵は、通信班員は勿論のこと、その他の多くも、ひっきりなしに届く、第一線又は、後方兵站線からの電報や、伝令などから見聞きし、周辺の敵情や、各部隊奮戦の有様を承知していよう。だから、今は楽のたたかいをしているなどとはいわない。が、なぜ蔣介石総司令が、支那の中央より、ずっと遠い、こんなところに、自分の参謀総長である陳誠大将を、総指揮官にし、自身も飛行機でやって来ては督戦しているのかといえば、一に南寧を奪回し、仏印方面からの軍需品補給路を、再び自軍の手に収めたいからだ。もし、敵が、南寧を占領され乍ら、何もせず、知らぬ顔をしているようであれば、人間が痛くも痒くもないものには、何も手当をしないと同様、敵に対し痛くない無益の戦をしたことになる。それだのに、こんなにも狭い地方に、しかも日本軍の、唯の一師団と一旅団に対し、二十数個師団を向け、反攻に転じて来たのは、はっきりと、南寧を取られたことが、支那全軍の大痛手であることを感じているからである。

こんなことは、支那事変はじまってから、初めてのこと。そんなにも我々は、大きな意味のある戦いを闘っているのだ。だから我々が、苦しければ苦しい程、逆に敵は困っているためと思うべきである。諸士は出征二年有余の間、つねに十倍の敵なら、攻めて勝てる自信を持ってやって来た。私は、山県部隊が竜州から帰るのを待ち、之をひっさげ、八塘の敵主力のうしろにまわり、敵を打ち倒し、一遍に勝利をきめようとした矢さき、諸士も聞いていよう。安藤軍司令官は、『敵がこんなにも一個所に集まって来たことは、もっけの幸。軍は更に一個師団以上の兵力を、敵のうしろにまわし、全部をつかみとる』ことに決め、我が師団に対し、『どんなことがあっても、当面の敵を、しっかりとつかまえておき、軍の来る迄、逃がさないようにしておけ』と命令してきたのだ。

師団長は、どんなに敵が大勢だろうと、びくともしない。が、敵の包囲の中で、思うように、タピオカ芋や、草の根をほれないでいる部隊を、飢え死にさせないことに、大きく気をもんでいる。それで飛行機からも落すが、南寧にある食糧は、あらゆる手段をつくし、前線に送らなければならない。司令部の皆にわたす米は、一日一食分だけときめたのもそのためだ。今、目の前に見る、めっきり、めだまが奥の方にひっこみだした諸士に向い、糧食欠乏を我慢せいというのは、実に心苦しい。しかし全般の戦勝を得るために、敢て私は、そう命令しなければならなかったのだ。勿論、兵站部隊、輜重兵連隊に対しては、危険を冒し、欽県から弾薬と食糧とを、搬送するよう命令してあり、軍司令部も、このため軽装甲車部隊を、こっちによこし、輸送を容易にするともいって来ている。頑張るんだぞ。頑張るものだけを、神は守り給う……」

こんなことをいいながらも、「若い人たちは、〝これ以上食えなくなるのか〟と、失望の色を浮べるだろう」と思っていたのに、彼等の眼の光が、次第に生き生きとかがやくのを目にした。

「之で新年の言葉は終り。解散！」

そう云うや否や、幾人かが、

「頑張ります」

と絶叫した。こんなにも大きく、私を勇気づけてくれ、又感激せしめた声はない。覚えず涙がもれそうになった。

「戦場では、涙は禁物」と、自らをはげまし壇から下りた。

元日といっても、酒があるわけではなし、況(いわ)んや雑煮の餅をやでぁる。が、井田当番長（軍曹）が森、海堀、斉藤の三従兵と共に、軍服をきちんと着し、私の室にはいって来、井田が、

「皆を代表し、謹んで新年をお祝い申し上げます。今年もまた、ご指導を願い上げます」

と云い、一同が正しく敬礼した。

「や、お目出度う。今年も又、よろしくお願いする。井田軍曹だけ一寸残っていてくれ」

他の三人は出ていった。

「私は、三日前、井原経理部長に、司令部も第一線同様、飢えを味うべきだ。精米食は、一日一回だけにし、他は代用食にするよう、云いつけておいた。それだのに、従兵たちは、三食共私のところに、米のめしをはこぶ。経理部が、師団長だけには、米の三食を、供しているかも知れんが、いらない心づかいだ。そうなら、君はお断りしなけりゃいかん。命令したものが、部下だけに強要し、自分は、之に反することをするようでは、威信はいっぺんになくなってしもう……」

「いいえ。では申し上げます。経理部からは、閣下の分も一食よりほか渡りません」

「では、どこから持って来るのだ」

「私共若いものに、あの一食分などでは、何のたしにもなりません。ですから、それを、閣下の方にお廻しししているのであります」

「そうなのか、この二、三日、君等の痩せかたが、目立って来たのはその為か。この五十四にもなってる老人に、なんだってそんなことをするのだ。断然おことわりする。ここの大きな池にはえているのは、里芋だといったろう。それを食わせてくれ」

「私たちは、里芋と、慈姑だけにしております。それだけでは、おやせになります。皆が閣下のおやせになるのを心配しております」

「わしのやせるのは、食糧のためじゃない。ともかく、わしは里芋に塩をつけて食うのが、とても大好きだ。米は夕食だけにすることを、よく三人にいっておいてくれ、間違って持って来たら、箸をつけないぞ……」

井田軍曹以下は、私のいったようにはした。が、夕食の米の分量は、わたくしの分に、彼等のいく分を加えていると思われ、何度も注意したが、へらすことをしないでいる。


正午頃、及川少将から無線で報告して来た。

『旅団は、五塘六塘北方山地からの敵迫撃砲の射撃をおかし、何等損害なく、払暁やや前、八塘に集結し、阪田旅団とも連絡を通じ得たり。師団命令により、指示せられある、八塘附近に存在する負傷者の後送は、自動車部隊の帰還時之に托し、二日払暁頃、南寧に到らしむ。予は今より地形を観察の上、爾後の方策を確立するつもりなり』

中国はまだ、旧暦をつかっており、新暦の正月元旦は、祝い日ではない筈なのに、なぜかこの日は、攻撃が緩であった。昨夜は午前二時頃、寝台についたので、今夜は少し早目に寝台につこうと考えていると、玉置参謀長がやって来た。

「夕食後、野砲兵連隊長の宿舎から電話があり、内密の相談をしたいから、来てはくれまいか、と申して参り、いって見ますと、納見連隊長も見えておりました。堀毛大佐が申すのに、

『正月元日、不吉のことを耳に入れ申訳ないが、今日第一線の、三木歩兵連隊に配属されているX大尉のところから連絡があり、X中隊は、連日敵歩兵と重砲とに対し交戦中、逐次にその三門が破壊され、しかたなしに、その都度之を、土中に埋め、残った一門だけで戦っていると、三木連隊長の命令により、夜中、にわかに約五百米後方の稜線に、後退することになったものの、兵員も輓馬も大半死傷し、又その時の戦況は、埋没した火砲を、掘り出す余裕のないほど激烈だったので、遂に一門だけを馬にひかせ、後方陣地に引きあげたという。これが軍の通報にあった、支那軍が、〝日本の大砲三門分捕り〟と宣伝しているものでしょう。砲兵隊の火砲は、歩兵連隊の軍旗と同格に、考えられているものであり、之を敵に委したとあっては、これこそ、全日本

軍に対し、何とも申訳の出来ない恥辱です。ついては、之に対し、どうしたらよいかを、今迄、納見大佐と話合ったものですが、結局、X中隊長以下、まだ生きている六十数名を私がひきい、敵中に突撃の上、三門を分捕りかえすことが、私の責任と思われる。本夜中に参謀長から、よく実情を師団長に説明の上、私の突進が許可されるよう、配慮していただきたい。そのため、わざわざご足労を煩わしました』

と申すのであり、納見大佐も、

『此の場合は、利害得失の問題ではなく、一に部隊長としての面目、部隊の名誉に関する精神問題なので、僕が堀毛君の立場にあったら、同じように決意するだろう』などといいます。それで、〝今から帰り、よく説明をし、師団長の裁決を求めることにします〟とだけ申し、帰って参りました」

「そんなことは許せない」

「私もそう思います。しかし堀毛大佐は、非常な覚悟をきめているようであり、唯、〝それは軽率だ〟と否認致しましたなら、あの真面目の武人は、名誉にはかえられないと思いつめ、自決するかもしれないと考え、その席での不同意表明は、避けてまいりました」

「貴官の処置はよかった。では、私から良く話し、連隊長の思いつめた気持を、ほどくことにしよう。戦争では、一局部の戦況で、思いつめてはならない。が、うちの師団には、ああいう責任心の強い部隊長が揃っている。有難いことだ。電話ですぐ来るように話して呉れ給え」

午後十時頃、堀毛大佐はやって来た。この人は、私が陸大の兼勤教官をやっていたとき、兵棋（へいぎ）（引用者注・図上の演習）を指導したことがあり、頭脳もよいが、人格正直、優等の成績で卒業し、ソ連邦駐在武官もやり、前途の発展を期待されている人。はいって来た同大佐の面上には、不名誉を挽回する決死の容相があらわれている。

「さき程、玉置参謀長に説明いたしたように、私の部下の一中隊が、取りかえしのつかない不名誉のことをしでかし、何とも謝罪の言葉がありません。私はこの野砲兵第五連隊の士官候補生として、将校になり得たもので、幾度かの戦場であらわした、母隊の武勲を敬仰（けいぎょう）している者であり、この母隊の連隊長たる光栄に浴しながら……この私の代に、砲兵隊の軍旗とも申すべき火砲を、敵の手に委することになり、なんと陛下に、全軍に、別して連隊の先輩将校に対し、申訳できましょう。唯一途、之を奪回することだけが、つぐないになるものと思われます。どうか利害を超越したご寛容により、私の突進を、お認めいただきたいものであります」

　いかにも悲壮の情を、眼光にひらめかしている。

「貴官の気持はよくわかる。思いつめた決意も有難く思う。私の岳父、千田登文翁は、少尉のとき、西南戦中戦死して、軍旗を賊軍の手中に委した旗手の後任に命令され、乃木（希典＝引用者注）歩兵第十四連隊長に申告すると、

『千田少尉！　切角来てくれたが、おぬしの捧ずる軍旗は、なくなってしまってるぞ……』

と落涙されたそうです。今の気持は、乃木連隊長の、そのときのようなものだろうと思われる。乃木さんがあのとき、軍旗奪回のため、自身、賊軍中に突入し、又は自決の上で、責任心を示されているのと、永い間武人としての不名誉を耐え忍び、あんなにも人格を修練し、しかもこのときの責任を、はっきり記して、後に自刃せられた垂範と、何れが尊いものか。私は忍辱の一生を、謹慎のうちに過ごされた将軍が、有難くてしかたがない。

　X中隊は、私の命令で、三木連隊長の指揮に入らしめたもの。奮戦して人、馬の半分以上を失ない、敵の重砲弾で破壊された三門を埋没し、しかも三木大佐からの命令

で、地中のものを、ほりだし得る余裕がなかったことが、そんなにも大きな、不名誉の行動といえようか。勿論、敵は之を動けるように手を加え、〝分捕った日本軍の大砲だ〟と宣伝はしよう。が、この監督第一の責任者は、三木大佐であり、次が師団長。第三が貴官の教育訓練上の責任です。もし、私が、貴官の火砲奪回の突撃を認可したとする。君が軍刀をひらめかし、X大尉以下、生きのこっている六十数名をひきい、敵中におどり込む姿を、目にする三木大佐が、唯傍観だけしておられようか。きっと己れの部下連隊をひきいて、いっしょに突撃する。これを目にした、阪田、林、渡辺の三歩兵連隊長は、隣り連隊の一つだけの突撃に終らせることはしない。きっといっしょに出撃し、遂に師団の決戦になる。安藤軍司令官は〝軍の力で敵を捕捉撃滅する。それ以前の第五師団の決戦は許さん〟と示達（じたつ）している。

　軍人、とくに指揮官、上級の指揮官になればなる程、忘れてはならない、最高最大の責任と義務とは、勝利を戦いとることにある。この為、戦闘経過中の一切の出来事は、ただ勝利をつかんだか否かで批判さるべきものだ。日露戦争中、万宝山（まんぽうざん）の戦闘で、Y後備旅団が、大砲全部を敵手に委したことを、最大不名誉の象徴として教えられているのは、右旅団が勝利を得ずに、潰走（かいそう）敗退したからであり、もしあの旅団が、勝ち抜いておれば、火砲の紛失は、問題ではなかった筈。軍の決戦は、一ケ月後です。この作戦は、やっぱりわが師団の戦闘を中軸として行なわれます。この時こそ、本街道を中軸として行動する貴砲兵連隊の活動が、大きく期待される。三門は欠けたが、尚四十五門を有する。この火力の支援で、歩兵の突撃は、勇気づけられるものですよ。

貴官の気持はわかる。が、気持の問題になれば、師団全般の広い範囲の一切に、気をくばっている私の心のなやみの方が、貴官のものの幾層倍だ。今私には、今村という私人格はない。唯師団長たる公人格のみに、自らをはげましている。私の公人格は、貴官の敵中突入を許しません。

貴官は、決戦時のわが砲兵火力の運用につき、今から十分、地形を偵察し、研究を重ねておいてもらいたい」

堀毛大佐は、深く頭を垂れて熟慮していた。が、遂に、

「ご趣旨はよくわかりました。決戦時の奮闘を誓います」

こう云い、辞し去った。時計は夜半を示している。これで昭和十五年の元旦は過ぎた。

はたして一ケ月後、決戦時の堀毛砲兵連隊の活動は、偉大な威力を発揮し、敵に大打撃を与え、軍の作戦成功の一素因をなしている。私も安藤軍司令官も、この連隊を、殊勲部隊中の一に加えて上申し、その通りに中央は決裁し、御裁可を得ている。当時の堀毛大佐は、尚強く責任を痛感し、私の前を去った直後、軍司令部の佐藤参謀副長あて、免職の処置を配慮してほしいと、私信しているとのことを、後になり安藤軍司令官から耳にした。

堀毛大佐としては、何とかして、X大尉以下、生存者六十余名の名誉をかい復させたい一念から、南寧攻略の時、師団が手に入れた蔣軍の、仏国製火砲四門と、それに属する多数の弾薬とを中隊に与え、爾後の戦闘では、いつも歩兵と同線に進み、決死的戦闘をくりかえさせていた。運命というものは、何とはかり難いものか、X中隊の推進的勇戦にはげまされ、歩砲兵一体となっての攻撃は、いつも成功し、X大尉以下六十余名は、軽傷のみで、戦い通し、立派な武勲をあげている。人間のめぐりあわせの不思議から、X氏（少佐に進級）は、この時の後三年、私がラバウル方面で、米、濠両軍を対手に、作戦するようになったとき、ひょっこり私の前に現われ、

「又ごいっしょに、戦うようになり、方面軍司令部内ではたらく職を、仰せつけら

れ、唯今着任しました」
と云い、終戦となる迄、起居を共にするようになった。
（『大激戦』）

兵器、馬匹（ばひつ）より軽視された兵士の命

当時の日本陸軍は、兵器や馬匹を天皇陛下より賜（たまわ）ったものとして兵士の生命より重視することが行なわれていた。

その結果の陰惨な物語は汗牛充棟（かんぎゅうじゅうとう）的で、未だに日本国民の軍隊嫌いの大きな原因になっている。貧乏でモノ不足だった時代としてはある程度やむを得ないことだったが、精神主義に行き過ぎやすいわが民族ではそれが権力と結びつくと、とかく陰惨な話になるのである（具体例は読者自ら、年長の先輩に確かめられると良い）。

森金千秋著『日中戦争』（図書出版社）の中にもこんな実話が紹介されている。

昭和十八年三月、この今村第五師団の弟に当る第三十九師団（広島編成）に属する歩兵第二百三十二連隊（福山編成）が、連隊長の拙劣な指揮のため宣昌（せんしょう）の北東、天宝山の凹地に誘いこまれて両側の丘陵から中国軍第六師団第十七団の猛射猛撃を浴び、死傷三百名の

損害を出したときのこと、

「敵の迫撃砲弾がいきなり砲馬の間近(まぢか)に着弾炸裂したため、一般の兵にならって馭兵(ぎょへい)も思わず手綱をはなして地に伏せた。

防衛本能として当然のことであるが、馬はおさまらなかった。……(中略)……たちまち奔馬(ほんば)となって疾駆した。しかも馬の駆けた方向が悪かった。砲身と砲架を背負った二頭の駄馬は天宝山方面に向った。哀れなのは二人の馭兵である。兵の生命より大切な馬(＝兵器)を失っただけでも一大事なのに砲兵の軍旗と言われる砲を失った責任は重大である。疾走する馬に追いつくことはできないが死を覚悟して馬のあとを追い、二馭兵とも敵の集中弾を浴びて憤死した」

「砲を敵手に委(ゆだ)ねた最高責任者は隊長の二俣中尉である。隊長は陸士出身のエリート将校であった。中尉は白皙(はくせき)の美丈夫で、軍人精神の横溢(おういつ)した、兵には優しい将校であった。……(中略)……このとき二俣中尉の決心はすでにできていた。残る一門の砲を砲弾が尽きるまで泰然と指揮した隊長二俣中尉は、一言も告げず、夕闇迫る敵の本陣に単身突撃をしてゆきふたたび還らぬ人となった」(振り仮名は引用者)

日本軍にはこうした習慣があったことがお分かりいただけたことと思う。イギリス将校

の書いたビルマ戦記に「日本の砲兵はなぜか退却や玉砕にあたって砲を地中に埋める。そんなことをしてもすぐ掘り出されるに決まっているのに損害を顧みず時間を費して地中に埋める。これはどう考えても抹消に関する宗教的儀式である」とあったことも思い出される。

究極の目的を見失わぬ将軍の資質

日本人は状況が困難になるとその合理的な解決を考えるよりも、とかく精神的・抽象的になり神がかり的な〝純粋の美学〟と〝破滅の美学〟に逃避する。平家滅亡の讃美にはそれがある。

戦争が敗戦つづきで勝利の見込みが遠くなった昭和十九年、二十年にはこうした純粋の美学や破滅の美学は一層勢力を拡大して、兵士が兵器に敬

陸軍大臣官邸にて南方へ出陣する軍司令官、陸軍首脳の記念撮影（1941年11月10日）。前列左から4人目が今村均。5人おいて東条英機、2人おいて山下奉文、その隣は本間雅晴

（毎日新聞社）

礼させられたり、追いつめられるとすぐに全軍を挙げたバンザイ突撃を敢行して米軍を喜ばせたりする。残敵掃討の手間が省略されるからである。

こうした日本軍の体質に対して、今村均は相当異質である。まず、彼は勝つことを第一に考え、そのために必要なことのみを合理的に追求して思考を組み立ててゆく。兵士はその部分品であって、個人的・心情的な潔さとか、晴れがましさなどは二の次、三の次にしてひたすら全軍の勝利を実現しようとする。その姿勢によって得られた勝利の好例が後年のラバウル籠城だろう。第八方面軍司令官（在ラバウル）としての今村均もひたすら土を掘り、岩を穿ってラバウルを難攻不落の要塞とし、マッカーサーに攻略を断念させることによって、部下の将兵七万人とともにラバウ

ルの守備を全うし、その上、全員が生きて日本に帰ることを得た。

究極の目的を見失わないのは一軍を指揮する将軍の大事な資質であって、それができない上級管理職はすぐに局部的な損得や他人の評判などを気にして、大局観を失い〝純粋の美学〟に頼って、結局は〝破滅の美学〟へと歩を進めることになる。これは企業経営でも同じことである。海軍では艦長が艦と運命を共にして死ぬという美学があったが、戦争が日本海大海戦のような短期決戦型でなく長期消耗戦となって、軍艦は何百隻となく大量生産され、同時に大量撃沈されるようになった戦争後半期には艦長の育成と補充のほうが大問題となって、その美学は禁止されるに至った。零戦その他の搭乗員も、飛行機と運命を共にするのが美とされパラシュートをつけない風習があったが、やがてそれは修正された。

将兵に兵器の尊重や不惜身命（ふしゃくしんみょう）を教えるのが当然だが、それが行き過ぎる軍隊は結局は将兵の戦意や判断力を信用していない弊に陥る。信用できない理由をさかのぼって考えると、戦争目的が民主的に納得されていないとか、開戦の決定が一部の勢力の意志だけで行なわれたとか、戦意の源泉となるべき国内の民生ははたして幸福なものだったか、などが次々に問われることになる。

動機主義か結果主義か

それはさておき、そうした日本軍の中にあって今村均が率いる軍団だけは、この南寧でもジャワでもラバウルでも常に全軍的な勝利をつかんでいることは、いろいろ幸運な事情があったとしてもやはり注目すべきことだと思われる。その原因としては、今村均の指揮が常に合理的・現実的で、余計な美学を含む割合が少なかったことがやはり大きいと思われる。

第二に、この話で注目されるのは、今村均本人は大局的判断に立ちつつも、なお彼は部下の将兵が持つ美学に対して十分に理解を示し、自ら言葉を尽くし、礼儀を尽くしてそれに応対し、結局、相手を納得させているということである。そして破滅に走ろうとした戦力を救い、やがて一カ月後には一層強力な戦力として用いている。

部下の美学を否定せず、その情熱のはけ口を師団長自らが別方面に与えることで、全軍の勝利と部下の美学の両立を果たしたことが大事である。抽象的なイデオロギー論争だけに止めず、具体的な行動のレベルに下ろせば、部下の美学も師団長の全軍的要請も、その両方が成立する行為が何かあるわけで、今村均はその発見と研究を当人に命じている。うまいやり方である。

第三に注目すべきことだが、今村均は実はイデオロギー論争も立派にしている。砲を敵手に委ねて無事ではすまないし、もしも無事だとすれば軍の規律が崩壊する、というイデオロギー的な心配に対して今村はそんなことは勝利を得れば不問に付されるし、また、それで良い問題だと説く。軍の規律とは何かを神がかり的に論争するとそれは手に負えない怪物に成長するし、上級者は得てしてそういう論争が好きなのだが、今村均は勝つことのほうが大事だ、というごく分りやすい常識に立脚してアッサリ片づけている。直属上官の師団長がそう断言して保証してくれれば、誰でも無駄死にしたい人はいないから、事態はそのように動いてゆく。

倫理学に昔からある論争に、人の行為の善悪はその動機によるという動機主義と、結果によるという結果主義の対立があるが、砲を奪われたものは死ね、と言うのは結果主義である。

これがあまりにも徹底されたので、日本軍は形式的だったと言って日本人は未だに嫌うのだが、そうした考え方に対し今村均は事情をよく調査した結果、現場の中隊長以下の諸君は動機的にはもちろん無罪であると言う。次に、砲を奪われたという結果に対する責任の順序を明らかにして、第一位は三木連隊長、第二位は今村師団長で堀毛砲兵連隊長の責任は第三位だと明らかにする。

そして、これに対する償(つぐな)いは全軍的な勝利であって、勝利というより大きな結果がそれを帳消しにする、と説く。砲の奪回などは着眼点が小さいし、まして成功の自信もない奪回の突撃に自滅するなどは破滅をもって動機の純粋さの証明にしようという単なる美学であって、より高次の結果主義的にはむしろ無責任である、と指摘する。

今村均の考えは徹底的に高次の結果主義で、両刀使いでないから部下は仕事がやりやすい。そして相手に対しても、上級管理職は全軍の勝利という責任を負っているのだから個人的な美学は捨てよ、と要求する。その上、さらに追っかぶせて、その責任を果たすべく砲四十五門の効果的使用法を研究せよ、と具体的な指示をつきつける。

今村均は無意識に話しているのかもしれないが、以上のように考えると、彼は相手の心のモヤモヤをどんどん割り切って、その大部分は割り切って断言した自分が引き受け、相手に残したものは上級職はいかにあるべきか、という自覚と前向きの研究課題だけにしている。

部下が全力を打ち込んで働くようになるのも当然だという気がする話ではないだろうか。

おわりに

明治三十七年（一九〇四）に新潟県の新発田(しばた)中学を卒業した少年の今村均から始まって、本書は回想録の中のエピソードを追いながら、昭和十四年（一九三九）、五十三歳になった第五師団長としての今村中将までのところで終わっている。

もとより今村均の生涯はこれで終わりではない。時代は軍人である彼に大きな活躍場所を提供する。大東亜戦争の始まりである。彼は昭和十六年（一九四一）には第十六軍を率いて蘭印（オランダ領東インド。現在のインドネシア）を占領し、昭和十七年（一九四二）十一月からは第八方面軍を率いてガダルカナルとラバウルを守る。しかし、昭和二十年（一九四五）には戦い敗れて降伏し、米豪蘭三カ国の戦犯裁判にかけられる。

ここで本書の「まえがき」の一節を読み返していただきたい。

「今村均大将も生命を狙われたが、インドネシア国民の大合唱がそれをさせなかった」

（6ページ）と私は書いた。つまり連合国側は軍事法廷で今村均を死刑にしようとしたが、インドネシアの人々の助命嘆願や証言により、極刑を断念せざるを得なかったのである。

なぜ日本の軍政下にあったインドネシアの人々は、今村均を救おうとしたのか。それは、日本軍が行なったのは「軍政」ではあっても「圧政」ではなかったからだ。今村均は現地で全軍に、こう布告したという。

「被占領民（インドネシアの人たちのこと）の矜持を奪うようなことは、絶対にしてはならぬ」

現地に住む人たちの誇りを、けっして傷つけてはならないということである。それまで四百年にわたり植民地政策で苦しめてきたオランダのようなことはしない。強制労働から解放し、学校を建て、独立への道を開いた。禁止されていたインドネシア独立歌も許可し、日本でレコードをつくって現地で配るまでした。インドネシアの人たちは、日本の占領を喜んで受け入れたのである。

後にインドネシアの初代大統領になるスカルノは今村大将が蘭印入りした当時、反植民地運動を指揮する政治犯としてオランダの手で牢につながれていた。今村均はスカルノをすぐに釈放すると、「あなたは自由の身です。これからあなたが日本軍に協力するか、中立的立場をとるか。いずれもあなたの意思次第ですが、仮に日本軍に協力しなくても、私はあなたの生命と財産は完全に保証します」と告げた。

戦後の戦犯裁判で今村均は、まずジャカルタの刑務所に送られる。そこにスカルノの密使が現われたという。「今村大将が死刑になりそうだ」と聞き、もしものときは刑場に行く途中でインドネシア独立軍が今村均の身を奪回する、と申し出たのである。だが今村均は、これを断わった。「ご厚意はありがたいが、そのようなかたちで生き延びるのは日本人として不名誉と考える」というのが理由であり、信念であった。

そして勝者（連合国）の裁判の結果だが、今村均は禁固（きんこ）十年の刑に処せられる。スカルノの救出作戦を断わってもなお、インドネシア国民の「今村大将を死刑にするな」の声はやまず、判決は極刑に至らなかったのだ。昭和二十四年（一九四九）、今村均は日本の巣鴨（すがも）プリズンに移送された。このときの有名な話がある。

自分の率いた部下たちが、ラバウルの北西に浮かぶマヌス島に劣悪な環境で収監されているのを知ると、自分だけが（安全な）東京にいるわけにはいかない、と言ってマヌス島での服役をＧＨＱに訴えたのである。戦犯裁判で「我が将兵を罰せず我を罰せよ」と言明した今村均のリーダーとしての哲学を見る思いである。このマヌス島行きを聞いたマッカーサーは「日本に来て初めて真の武士道に触れた思いだった。私はすぐに許可するように命じた」と語っている。

昭和二十九年（一九五四）十一月に刑期を終えて、今村均はようやく自宅に帰る。以後、世田谷の自宅にあって回想録を書き、昭和四十三年（一九六八）、八十一歳で死去する。

したがって、回想録は第五師団長以後もつづき、興味深い話に満ち満ちている。そのすべてを本書で紹介できないのはたいへん残念だが、むしろこうした私の雑音的なコメントぬきで、読者自らが直接回想録に当たって読んでいただけるならば、そのほうが良いと思う。

この回想録を読んでの感想だが、人の生涯は長いが、それでも十代から五十代までその人柄は意外に一貫している。若いときから努

1950年１月、巣鴨刑務所へ送致のため船で帰国　（毎日新聞社）

力を積み重ね、また周囲に対して忠実でなければ、あるとき突然に偉くなるなどは無理だ、ということがよく分かる回想録である。

今村均の回想録を読んで読後感がたいへん清々(すがすが)しいのは多分、今村均がいつも高い次元の目標を設定し、それに対して常に無私だったからだろう。この点については、彼がキリスト教に強い関心を持っていたこともあわせて思い出される。仮に自叙伝的な美化が、回想録のどこかにあったとしても自叙伝や日記を美化するやり方も実は人さまざまであって、この場合はたいへん勉強になる美化だと思う。

そして最後に、彼はたいへんな英知に恵まれた人だったという印象が残る。仏教でも言うが英知を持った人は迷いが少なくなる。また、周辺の事物に対する観察と解釈が当たっているから対策に無駄がない。行動に失敗がない。回想録を読む読者は今村均の肩にとまって今村均と共に現場に立ち、やがて快刀乱麻を断つように事態が収拾されるのを一緒に体験することができる。それは今後自分一人で人生を歩むときの良い指針になる。

閉鎖的な日本社会は英知の効用を認めず、とかく英知を持った人の足を引っぱる。また英知を持った当人も、他人の嫉妬を恐れてその才をかくす。

そのため外見的には、英知が無用で不在の社会ができ上がっているが、しかしそれでは自他ともに不幸が累積してゆく。本当は愛社心や同胞愛に加えて英知を持った人が一番必要なのであり、英知による事態の解決の壮快さをこの回想録は教えてくれる。

それは自分個人の利益のための才智ではなく、全体のための英知で、それを今村均はたった一回の生涯の中でかくも多くの実例をもって我々に見せてくれた。

最後に天国にある今村均氏の霊の平安を祈り、私のコメントの至らなさをお詫びする次第である。

日下公人

この作品は、一九八三年二月にＰＨＰ研究所より『今村均氏の軍人生活』として発刊。一九九三年三月に『組織に負けぬ人生』と改題してＰＨＰ文庫より刊行され、二〇〇一年八月に『〈新装版〉組織に負けぬ人生。』として単行本化された。

切りとり線

★読者のみなさまにお願い

この本をお読みになって、どんな感想をお持ちでしょうか。祥伝社のホームページから書評をお送りいただけたら、ありがたく存じます。今後の企画の参考にさせていただきます。また、次ページの原稿用紙を切り取り、左記まで郵送していただいても結構です。

お寄せいただいた書評は、ご了解のうえ新聞・雑誌などを通じて紹介させていただくこともあります。採用の場合は、特製図書カードを差しあげます。

なお、ご記入いただいたお名前、ご住所、ご連絡先等は、書評紹介の事前了解、謝礼のお届け以外の目的で利用することはありません。また、それらの情報を6カ月を越えて保管することもありません。

〒101-8701（お手紙は郵便番号だけで届きます）
祥伝社新書編集部
電話03（3265）2310
祥伝社ホームページ　http://www.shodensha.co.jp/bookreview/

★本書の購入動機（新聞名か雑誌名、あるいは○をつけてください）

＿＿＿新聞の広告を見て	＿＿＿誌の広告を見て	＿＿＿新聞の書評を見て	＿＿＿誌の書評を見て	書店で見かけて	知人のすすめで

★100字書評……不敗の名将 今村均の生き方

名前

住所

年齢

職業

日下公人　くさか・きみんど

評論家。日本財団特別顧問。三谷産業株式会社監査役。日本ラッド株式会社監査役。多摩大学名誉教授。1930年、兵庫県生まれ。東京大学経済学部卒業。日本長期信用銀行取締役、ソフト化経済センター理事長、東京財団会長などを歴任。ソフト化・サービス化の時代をいち早く先見し、日本経済の名ナビゲーターとして活躍。正確な未来予測には定評がある。著書に『日本人の「覚悟」』『「新しい日本人」が創る2015年以後』『いま日本人に読ませたい「戦前の教科書」』（いずれも小社刊）などがある。

不敗の名将　今村均の生き方
――組織に負けない人生を学ぶ

日下公人

2018年10月10日　初版第1刷発行

発行者……………辻 浩明
発行所……………祥伝社しょうでんしゃ
〒101-8701　東京都千代田区神田神保町3-3
電話　03(3265)2081(販売部)
電話　03(3265)2310(編集部)
電話　03(3265)3622(業務部)
ホームページ　http://www.shodensha.co.jp/

装丁者……………盛川和洋
印刷所……………堀内印刷
製本所……………ナショナル製本

Printed in Japan ISBN978-4-396-11551-7 C0230